郭平川

中国民营口腔的探索者

郭平川 ◎ 口述

吕 芳 ◎ 撰写

中国纺织出版社有限公司

内 容 提 要

郭平川，副主任医生，在天津口腔医学界几乎家喻户晓，更是广大青年医师学习的楷模。这不仅源于他专业过硬，是国际牙医师学院院士，身兼中华口腔医学会理事等众多社会职务，他还创办了"郭平川奖学金"，资助贫苦好学的莘莘学子。他的创业经历和人格魅力，是过去一代人奋发有为的人生缩影；他的人生感悟和成功经验，折射出丰富而深刻的人生哲理。本书以郭平川的成长经历为线，串起郭平川奋斗的一生，旨在激励更多的年轻朋友，不惧现在，不畏将来，创造出属于自己的精彩人生。

图书在版编目（CIP）数据

郭平川：中国民营口腔的探索者 / 郭平川口述；吕芳撰写. --北京：中国纺织出版社有限公司，2022.2

ISBN 978-7-5180-9136-2

Ⅰ．①郭… Ⅱ．①郭… ②吕… Ⅲ．①郭平川—传记 Ⅳ.①K826.276

中国版本图书馆CIP数据核字（2021）第230587号

责任编辑：闫 星　　责任校对：高 涵　　责任印制：储志伟

中国纺织出版社有限公司出版发行
地址：北京市朝阳区百子湾东里A407号楼　邮政编码：100124
销售电话：010—67004422　传真：010—87155801
http://www.c-textilep.com
中国纺织出版社天猫旗舰店
官方微博 http://weibo.com/2119887771
北京华联印刷有限公司印刷　各地新华书店经销
2022年2月第1版第1次印刷
开本：710×1000　1/16　印张：13.5
字数：113千字　定价：68.00元

郭平川：
中国民营口腔的探索者

—— 序 一 ——

　　我与郭平川的相识源于二十世纪九十年代末，在EAO（欧洲骨整合协会）学术会议以及其他一些学术活动中，我认识了郭平川医生。他让我知道，原来在天津有一位民营口腔医生也在开展口腔种植。更让我惊喜的是，当时我国口腔医学界前往欧洲参加这类学术活动的基本上都是国内知名院校的专家，很少能看到民营口腔医生的身影，要知道，对于一个民营口腔医生来说，在当时参加这些活动付出的代价是巨大的。因此他留给我的第一个印象就是酷爱学习。再后来，有一次在法国马赛的学术交流上，我们俩机缘巧合下同处一室，因此有了彻夜长谈的机会。由此我了解到了更多郭平川医生的人生经历以及工作情况，应该说，他的经历还颇具一些传奇色彩。

　　他没有正统的学历教育背景，但是曾经担任过天津市河西区口腔病防治所的所长，他曾经和天津医科大学陈哲教授合作创办过二级口腔专科医院的颌面外科，他是在我国二十世纪八十年代就开始开展口腔种植的医生之一，也曾参加华西医科大学陈安玉教授举办的种植学习班，并与华西医大种植中心有过合作，九十年代初期下海后，曾与台湾的牙医合作创立了爱齿口腔门诊，同时也与美国，丹麦等国的专家有过合作。当然在当时的大环境下他的口腔种植也难免走过一些弯路。在九十年代后期他先后到北京大学口腔种植中心以及德国著名口腔种植专家那里学习，其目的就是掌握现代口腔种植的基本理论和规范操作，了解国际口腔种植的最新进展。后来通过他的不懈努力，他成为在天津极有影响力的口腔种植专家，同时也成为中华口腔医学会口腔种植专委会的常委，也曾被选为中华口腔医学会民营口腔医疗分会的副主委。如今他作为美维口腔的合伙人，同时自己还开办有几家诊所，在天津医大设立了"郭平川奖学金"。应该说这样的人生是成功的。我相信这样充满曲折，甚至有些磨难的人生经历一定会为后来人提供诸多值得学习的经验。

　　郭平川的这本自传带给我最重要的感悟就是：一个人对于自己的理想应该坚持不懈地追求，同时毕生持之以恒地坚持学习。

　　郭医生热爱口腔医学事业，热爱口腔种植，不论遇到什么挫折与失败，始终坚持，永不言弃。正是这般对自己理想的不懈追求，成就了他如今的事业。郭医生在追求理想的路上，能够持之以恒地努力学习，不断更新自己的知识储备，提高自己的技术水平，紧跟学科发展的步伐，从而成就了自己的职业生涯。在这里我还想说，在我国口腔医生队伍里大约有三分之二的同道没有本科学历教育背景，这是由我国特殊的国情决定的，但是只要坚持不懈努力学习，同样可以成为人民心目中的好医生。郭医生就是这样一个活生生的榜样。

祝贺郭医生"自传"的出版。希望看到它的同事都能从中有所启迪!

中华口腔医学会名誉会长

王 兴

2021年冬于北京

很惶恐，但也很高兴能给郭平川老师的自传写序。如果用一个词来形容郭老师，我想用最简单的两个字——朴素。

相识郭老师，源于2017年的一天，印象非常深刻的是，那天郭老师穿着一身特别整齐干净笔挺的工作服走进办公室，我顿时眼前一亮。因为这才是我认为牙医应该有的样子，医生不仅是因为专业让患者信任，更是一种态度，一种由内而外的细节展现。在我随后几年外出讲课的时候，我一直跟交流的同道说，从郭老师身上，我深刻地体会到，牙医应该重视自己的形象管理，应该重视自己的穿着管理，应该重视自己的卫生整洁度的管理。因为细节往往是我们得到患者认同的核心要素，倘若一个医生，连干净整洁都无法做到的话，如何让患者相信，在给他的治疗中，会尽力做到细致和漂亮？我想，这就是郭老师对自己的"朴素"精神。

在给郭老师着手写自传的时候，郭老师是抗拒的，他觉得自己没什么可写的，但我觉得不是。郭老师执业四十多年，谈不上有多少惊心动魄，也不能说有多少丰功伟绩，因为他就是一位牙医，但身处中国从艰难贫穷到改革开放的大时代，他在平凡的道路上走出了一番不平凡，创立"爱齿"品牌，历经二十余年屹立向前，坚持初心，坚持品质，坚持一位创业的医者应该坚持的原则和情怀，是极其不容易的。走出体制创业非公医疗，需要勇气和担当；做中外合资的医疗机构，跟国外的牙医交流学习，需要眼界和智慧；从一家门诊到连锁机构，需要付出和执着。当初看似容易的 "爱齿"口腔，走到2021年，应该就是中国最早、经营时间最长的民营连锁品牌之一了。所以，郭老师的创业医者经历，值得我们每一位年轻医生学习，这份勇气、担当和热爱，是铭刻在内心的，这份真正的强大，是深刻到骨髓的。我想，这就是郭老师对事业的"朴素"精神。

跟郭老师成为合伙人，跟"爱齿"成为一家人，从磨合到深度理解，郭老师和王姐姐给我上了深度的一课，这一课是教科书上没有的课程：在牙科行业竞争激烈纷繁复杂的战局中，我们该如何保持清醒和冷静？什么才是做医疗企业的本质？什么才是良性发展的企业价值？其实这些是我在这几年最大的认知转变。所以，相处这几年，从一个牙医职业经理人真正转变成为一个牙医创业者，像我这样一个执拗的人，走过了不少弯路，犯了不少错误，但从郭老师这里，得到的只有信任和包容，我想，这就是郭老师对待伙伴的"朴素"精神。

感谢郭老师！作为医者，您坚守医疗道德；作为企业家，您敢于创新践行；作为伙伴，您展现着胸襟气度。在此，谨祝郭老师健康平安，用快乐的心态继续做"爱齿"和"美维"的医生领头人，用高超的技术继续为我们展现资深牙医的无限可能性，用大爱的精神继续感染我们所有的伙伴们。

美维口腔医疗集团CEO

朱丽雅

2021年冬于上海

郭平川：
中国民营口腔的探索者

—— 前 言 ——

郭平川，一位在中国民营口腔发展史上留有浓墨重彩的人物。他是中国第一批从事口腔种植的医生之一，在天津开创无牙颌种植技术之先河，同时也是中国从事口腔种植时间最久的民营口腔医师之一。近五十年来，他一直在这个领域耕耘着，见证着中国口腔发展的历程……

从意气风发的少年到两鬓斑白的老者，自踏入口腔医学之门那刻起，郭平川一路砥砺前行，耕耘半生。1987年，他通过参加华西医科大学口腔医学院举办的首届"口腔种植生物材料学习班"开始接触口腔种植，之后多次出国交流学习，细细揣摩刻苦钻研，终成为国内民营口腔种植领域的领军人物。自1991年开始种植第一颗种植体起，郭平川已累计种植近三万颗种植体。他是国内最早一批参加欧洲种植培训的口腔医师。正是这种深入骨髓的情怀让他与口腔结下了不解之缘，让他有足够的激情创立了自己的口腔品牌。

1993年，中国刮起了下海经商的热潮，郭平川逐浪而起，毅然选择下海。怀着对口腔事业的热忱，想要大展一番拳脚的他，却因缺少经商经验很快便遭遇到了人生的第一次"牢狱之灾"——被人骗走巨额发票，身陷图圈。

"天将降大任于斯人也，必先苦其心志，劳其筋骨，饿其体肤……"1997年，几经周折，郭平川创办了国内第一家由国家卫生部外经贸委批准的中外合资口腔门诊——爱齿口腔。

2005年，爱齿口腔连锁规模达到五家，2006~2007年，爱齿口腔年营业额将近三千多万，位居天津市民营口腔企业前茅，种植业务更是在天津市场遥遥领先。

一个品牌的建立和提升离不开带头人的运筹帷幄。作为品牌的创始人，郭平川具有极其敏锐的洞察力，时时掌握行业的发展动态。而作为一位热爱口腔事业的医生，郭平川内心深处希望能够远离市侩，投身最纯粹的学术世界。两种身份不断碰撞有时让郭平川徘徊犹豫无法抉择。

爱齿口腔在诞生、成长、发展和稳步提升的过程中，无论遭遇怎样的困难，陷入怎样的"瓶颈"，郭平川都是其中最为核心的精神领袖。郭平川从医的四十余年，也正是中国口腔医学砥砺前行的四十余年，中国口腔种植事业也是"因改革开放而生，因改革开放而兴"。四十多年后的今天迎来了口腔种植行业和产业持续创新发展的新时代。

5G时代，万物互联，对口腔行业来说是一个新的发展契机，同时也意味着新的挑战。拥抱数字化新技术、不断调整与优化口腔机构的差异化定位，成为"互联网+"口腔新生态中的重要命题，也是口腔机构发展过程中不可回避的选择。

2017年，一个特殊的机缘，郭平川与美维口腔医疗集团相遇。经过多次磋商沟通，双方最终达成战略合作协议。依托美维口腔医疗集团先进的管理体系，爱齿口腔与美维口腔医疗集团携手打造示范口腔连锁旗舰机构，树立民营口腔新标杆，让爱齿口腔的国际化态势从天津走向全国。

不同的时代与际遇，相同的担当与奉献。他怀揣执着的梦想和澎湃的壮志，勇攀高峰，敢为人先。

众多像郭平川这样平凡又不凡的耕耘者们在祖国大地上开拓出一片片沃土，他们胸怀信念，勇于探索，潜心研究，塑造了知识分子群体乃至当代中国的精神特质，凝聚成一股改变中国各领域进程与社会面貌的精神力量，是中国革命精神谱系不可或缺的一部分。这种奋斗精神的强大力量及深远影响，不会随着时间的推移而褪色，不会随着后浪的侵袭而消逝，它将始终鼓舞着你我在民族复兴之路上扎实前行……

本书通过记录郭平川四十多年来在中国口腔领域耕耘的历程，不仅展示了这位中国民营口腔先行者蜿蜒曲折的探索史，也展示了中国民营口腔从蹒跚学步到健步如飞的快速成长历程。可以说，这既是一本郭平川个人传记，也是一部中国民营口腔发展掠影。循着斑驳的时代足迹，回望一路沉浮的无畏探索，个性鲜明的创业者和企业家的形象正扑面而来……

吕芳

2021年11月

第四章　天津口腔种植最早的专家之一

第五章　生命中重要的人

第六章　十年瓶颈与探索

第七章　携手美维　直通未来

第十二章　传承与超越

郭平川：中国民营口腔的探索者

第一章
> 成长在那个特殊年代 <

那时的我，是幸运的。

——郭平川

　　生于二十世纪五十年代的中国人，几乎是与新中国一同诞生的，个人命运与国家跌宕起伏的进程息息相关。他们的人生经历了由一元到多元的剧变，以及由此带来的失落、激荡、亢奋交织在一起的极具戏剧化的演绎……

　　他们的童年和少年时代正是新中国诞生和成长的时期，新生国家所特有的激情和朝气渗透在他们蓬勃的血液之中。他们的青年时代正赶上动荡时期，带给他们的诸多的是亢奋、迷

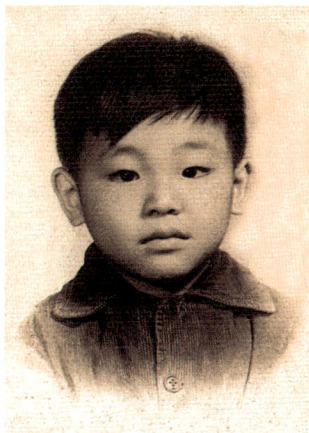

（郭平川童年照）

茫、继而尖锐的痛苦。他们的中年时代，邂逅了改革开放这是一伟大抉择时期，又接连上演了一段段激情燃烧的岁月。共和国所经历的崎岖与曲折的历程不可避免地融入他们的成长记忆中。这是成长在那个时代的人身上特有的印记。

　　他们的童年时代，新中国正在掀起社会主义建设高潮，人们的精神面貌焕然一新。物质的匮乏并没有磨灭掉简朴生活中蕴藏的情趣，他们唱着

《让我们荡起双桨》渐渐长大，并度过了幸福快乐的童年。

他们的少年时代，中国正处于多运动时期，再加上三年困难时期，人们的精神处于极度紧张状态。而那时正值少年的他们，还不能真正地理解人生。只知道从小努力学习，掌握好文化知识，长大成为栋梁之材报效祖国。就这样，他们怀揣着理想和信念度过了"好好学习，天天向上"的少年时代。

他们的中年时代，正赶上中国知识爆炸和改革开放，思想再度解放。他们当中很多人都是单位骨干，业余时间还要抓紧时间补习文化，争先恐后地考夜大。经过多年不懈地努力，他们终于获得了令人骄傲的成绩，入党、提干、下海经商，大展宏图，改写了一代人的命运……

他们风雨兼程一路走来，在蹉跎岁月中磨炼了坚韧的意志，展现了一代人傲雪凌霜的品格！他们青春无悔！曾经的激情将伴随他们走向夕阳红……

郭平川就出生在二十世纪五十年代，算是幸运的一代人，是名副其实的"生在新中国，长在红旗下"的一代人。没有经历过外侵内乱、颠沛流离，展现在他们面前的是一个崭新的国家，一个朝气蓬勃、百废待兴、充满希望、和平安宁的生活环境。在第一和第二个"五年计划"的指导下，新中国的经济取得快速的恢复和发展，资料显示从1952年到1962年，中国GDP排名稳居世界第五名。在这样的环境下，这波孩子的童年幸福快乐、无忧无虑。

十年浩劫发生时，他们年龄还小，受到的影响不大，虽然耽误了几年的读书时光，但同时也让他们真切地感受到了读书的重要性。1978~1982年之间，中国正面临"拨乱反正"的大事件，要让过去混乱的局面逐渐稳定下来。

今日回首，他们那一代人的经历是无可复制的，其中虽然不乏有些混沌，处于"无我"的状态，努力追求一个物外的、单纯的、迷蒙的世界。但恰恰是这种生活与生命自身的存在方式，让他们拥有了更多游走在边界之上的能力和决心。

胆大妄为的勇气，暧昧幽微的情愫，隐隐的愧疚与不舍，徘徊的迷茫与顿悟，既简单又复杂的感情倾轧，正如我们每一代人曾经走过的青春……

第一节　快乐的童年

（父母新婚照）

（幸福的一家三口）

　　1955年，郭平川出生于四月柚子花飘香的山城重庆。父亲是中原故里的河南人，1943年光荣入伍。那时正值抗战时期，十四岁的父亲作为一个娃娃兵就先后参加了抗日战争和解放战争，是一个地地道道的红孩子。父亲为人勤奋，做事认真，在部队里一直坚持学习文化。在那个战争年代能够识文断字已然非常难得，而父亲不仅识字，还练就了一手好字，这样勤奋的父亲深得领导赏识，后来提干并任职某军区司令员机要秘书。父亲性格中有着军人的执着与刚毅，也因职务关系，亦是沉稳少言之人。父亲思维敏捷，擅长诗词歌赋，颇具文采。母亲是湖南人，性格直爽率真，待人热情大方，不仅漂亮，而且非常能干。她在湘江之畔的长沙出生长大，家境优越，读完高中就以优异的成绩考上了军校，成为一名人人羡慕的英姿飒爽、意气风发的女军官。父母是经组织介绍相识的，两人都从事着神圣光荣的职业。同为军人，他们有着同样的经历和相同的世界观，这让两人无话不谈，在相处的过程中，他们互生情愫，经过一段美好的恋爱之后，就在战友及双方亲人的祝福下约定终生，喜结连理。

1956年，因父母工作调动，郭平川随双亲来到了北京，期间他的大弟弟在北京出生，两年之后全家人又随父亲转业到了天津。当时他四岁，下面有两个弟弟和一个妹妹。

（军校时期的母亲）

郭平川作为家中的长子，从小就受到良好的教育。谈起父母对子女的教育和影响，郭平川对父母充满了感激和崇敬之情。父母的言传身教，让他们从小就懂得许多道理，养成了良好的品德和习惯，让他和弟弟妹妹们受益终身。父母虽然没有给予他们财富和事业上的帮助，却给予了郭平川兄弟姐妹们最深沉的爱。

父爱如山，但山不会显露爱意，只是默默地用它的深沉，它的伟岸，屹立在那里守护着他的孩子们。母爱如水，无论孩子奔腾到哪里，身上依然流淌着母爱之水。"我的性格内向更多一点，这点像我的父亲，但是遇上事又有些急脾气，这点就像我的母亲。"郭平川这样说道。这个幸福的六口之家生活在天津，过着简单快乐的生活。郭平川为人真诚踏实，后来在工作岗位也是踏踏实实钻研业务，诚信待人，在圈内极具口碑，这些都

（郭平川全家福）

离不开父亲对他的教诲。郭平川最怕父亲的严肃，只要父亲摆起脸，他心里就直犯怵。父亲经常教育他要谦虚、谨慎，要光明磊落地做人做事。

那时，郭平川和像他一样的孩子们正享受着天真烂漫的少年时光，无忧无虑，充满稚气，充满美好的幻想。在学校里，郭平川是一位品学兼优的好学生。每年都被评为三好学生，还担任班干部、少先队中队长，学习成绩名列前茅。但他毕竟还是个孩子，爱玩是孩子的天性。

"我小的时候那叫个蔫儿淘啊，我家附近有一个比较浅的护城河，夏天天热时，我就带着小伙伴们从桥上往河里跳，美其名曰练跳水，惹得好几个孩子的家长到我家来告状。"为了防止郭平川再偷偷下河游泳，那段时间母亲时不时便会在他的手臂上刮一刮，看看是否有白道道儿……

郭平川小学三年级时，有一天在巷子里学骑自行车，不小心撞到了一个小孩。没想到小孩的爸爸当时气急了，举起自行车就把郭平川砸成了脑震荡。当他醒来的时候发现自己在医院里，头一阵一阵晕，腰也直不起来，只能蜷缩在病床上。这次脑震荡比较严重，甚至导致了这一段记忆的缺失。不仅如此，后来他上中学参加了学校足球队，最开始他是中锋，但是在一次训练中，他偶然发现在快走或者奔跑发力时，胳膊或者腿就会抽搐一下，这种下意识的抽搐会影响他的奔跑速度和反应能力。当时对足球满怀热情的郭平川不想从此告别足球，最终选择做一名守门员。在他学医之后，才知道这个症状是脑震荡带来的后遗症，而且这个症状持续了很多年，后来随着年龄的增长，那块兴奋灶萎缩了才好了很多。

"当时母亲怕我脑子受损，每天都会给我吃一个糖水煮蛋来补充营养。这是我最甜的记忆。糖水煮蛋在我们小时候也算是一种高档的补品了。平常是难得吃到的，只有在生日或是生病的时候母亲会准备两个糖水煮蛋给我们吃。母亲做蛋的时候我就在旁边看着，等着，口水直流。水中的蛋白渐渐凝结在了一起，纯白又有些透明，慢慢地鸡蛋浮了起来，雾气中隐隐约约，白里透黄，像两朵纯洁的雏菊，美丽极了。碗里放了白糖，把鸡蛋倒扣在碗里稍加搅拌，一碗热气腾腾的糖水煮蛋就完成了。"在描述糖水煮蛋的时候，郭平川的思绪也变得轻飘而遥远了……

作家张嵚曾在对过往物价的分析中指出，即便是在六十年代，我国的工业逐步发展也并非所有的物品都便宜。就鸡蛋来说，1961年某地鸡蛋的价格是一块一毛八一斤，跟今天相比确实便宜，但放在当时，几乎是一个家庭一星期的菜钱。那时鸡蛋的金贵程度，正如作家梁晓声在其反映六十年代东北城市生活的名作《年轮》里描述的城里赶车老头的叹息："我都忘了鸡蛋是圆的还是方的了。"

那个时代，就算条件比较好的家庭，一个星期能吃上一顿炒鸡蛋都算得上是很幸福的日子了。许多我们今日不足为奇的日常用品，在那时看来那都是"天价奢侈品"，比如糖果，在六十年代的天津，一级白砂糖八毛八一斤，红杏软糖两块七一斤。做个直观的类比，当时北京条件较好的工薪家庭换一罐煤气的价格不超过两块七，仅相当于一斤红杏软糖的零售价。同时期的上海人结婚，男方如果能拿出两三斤糖做聘礼，那也是非常有面儿的。这也是为什么郭平川的母亲每天只给他一个人吃糖水煮蛋，而没有给弟弟妹妹们的原因。

"母亲还时不时地带我去儿童医院的门口喝牛奶，因为当时牛奶还不是那么好订到的。"郭平川抿了下嘴，陷入儿时的回忆。计划经济初期喝牛奶需要有特供证，一家牛奶站，仅有一百多公斤鲜牛奶，那可是当时市场上的抢手货，送奶员一个上午就能把鲜牛奶卖个精光。进入二十世纪七十年代后，市场商品更是稀缺珍贵，因为是计划经济，所以市场并没有随着人们需求的增加便增加鲜牛奶的产量，鲜牛奶成了商业部门的专控商品。有级别的老干部喝牛奶需持有关部门批准的特供证，孕妇保胎喝牛奶需持有医院证明按规定限量供应，婴幼儿喝牛奶需持有医院出具的出生证明。只有持有相关证明，才能享受这些优厚的生活待遇。

"母亲对我的爱我一直铭记在心，每每回忆起这些点点滴滴的往事，内心一股暖流油然而生，久久难以忘怀这份伟大的母爱！"

郭平川的童年是幸福快乐的，是无忧无虑的。1962年，郭平川这波适龄的孩子如期进入了小学，成为了一年级的小学生。那时孩子们上学不需要家长们接送，他们三五成群结伴去学校，一路嬉戏打闹，开开心心地开启了一天的学习生活。

在那个"德智体美劳"全面发展的时期，只是学习成绩优秀是不够的，德才兼备更为重要。那时最令人羡慕的莫过于戴上红领巾，加入少先队；如果肩上再有一道杠、两道杠，便称得上是荣耀和骄傲；如果有三道杠那更是品学兼优的学生领袖，让人佩服的顶级学霸。

那时最令人难忘的是少先队大队活动，少先队鼓号队员统一着装，佩戴红领巾，鼓点铿锵，步伐整齐，庄严的仪式曾唤起一代少年的光荣感和使命感。

小学头两年，也就是一二年级时，基本是每天上午上半天课，下午回家写作业。三年级以后，下午增加了两节课，但课业负担不重，孩子们可以尽情地玩耍，享受快乐的童年时光。

"上世纪六十年代末至七十年代初，我记得那时每个人上学时都要至少佩戴一枚毛主席像章，带一本《毛主席语录》。早上进校门时，有佩戴'红小兵'臂章的同学站岗，检查每一位上学的同学是否佩戴了像章、随身携带《毛主席语录》，如果忘带就无法进校门，必须回家去取。进校门后，先向校门口的毛主席像鞠躬。"

那几年，学生们有时不能正常到校上课。在一个极其普通的夏天，老师来到教室郑重地说："同学们，现在形势大好，学校要停课了，要参加活动的同学去操场集合，想回家干活的同学就留在教室里……"所有人都站了起来，郭平川隐隐感觉到不上课似乎不是什么好事，但却有一股隐秘的快乐从他身体里涌起——不用上学了，对于这个年纪的孩子来说是天大的喜事。之后所有的同学都在家休学，开始了近乎无人管理的自在逍遥的生活。那年的夏天与秋天连成了一片，孩子们迎来的是随意飘荡的日子，学校似乎从这个世界上消失了。

那些街面上的日益喧嚣，似乎没有影响到孩子们玩耍的心情。他们每天的生活重心就是玩，各个都玩疯了，粘知了、捉蜻蜓、游泳等等。郭平川和小伙伴们用报纸做了各种形状的风筝，用蜡笔涂上颜色，然后将它们放上天空，比赛谁的风筝放得又高又远！

复课

1967年10月，中央要求全国各地大、中、小学一律立即开学，一边教学，一边进行改革。他们这一群在社会上浑浑噩噩多时的少年突然被通知可以继续上学了，兴奋之余，也有点不习惯，毕竟停课许久已经闲散惯了。但到了9月，他们还是高高兴兴地入学了。当时全国范围从1966年开始停课到1968年，学生都长了三岁，年纪长了但书未读，一大群青少年像塞车一样，都拥堵在那里了，没办法只能将1966年前只读了小学四五六年级的小学生全部塞进中学，原初高中的学生则如数发个毕业证书全部打发到农村去。他们从小学生一跃成为了初中生。

直到1968年底，郭平川这批小学生在家停学三年后，就突然间升到了初中，他被推送到了105中学，正式成为一名中学生。就读初中期间，郭平川除了学习外，还参加了学校的宣传队。因为他对乐器非常着迷，不仅学会了拉二胡，还学了京胡和月琴（京剧乐器传统三件）。当时普及样板戏，他就在宣传队做伴奏。每每悠扬的曲子从他指尖响起，或是舒缓起伏，或是恬静激荡，都被他演绎得淋漓尽致。

《红灯记沙家浜》和《红灯记》是当时他们学校两个比较有名的样板戏，由老师和学生一起表演。后来，《红灯记》里演李玉和的那位同学还考上了天津曲艺学校。提及此，郭平川稍微往椅背上靠了靠，笑着说："当时让我着实羡慕了一阵子。"

那时，全国的学校都压缩学习时间，大力改革课程内容，原教材全部弃用，学校匆忙印制了一批临时的紧贴现实政治的教材。不过，即使学校采用了这些简化后的教材，仍然没能在规范的课时内学完。初中本来时间就不多的三年里，学校频繁安排外出学工、学农等活动，真正在学习的时间就更少了。更严重的是，这一系列社会性的活动把学习的时间切成一段一段，经常被打断，完全没有连贯性，导致学生们的学习效果也很不理想。

每年夏秋两季，这些十四五岁的学生就打起背包在老师的带领下，到农村参加为期一个月的生产劳动，苦活、累活、脏活没少让这些学生干，也确实让他们感受到了"粒粒皆辛苦"的滋味。

第二节　喜欢木工活的少年

上世纪七十年代，郭平川及大部分同龄人都赋闲在家。因此，也让郭平川亲眼见证了母亲的辛劳和不易。母亲从起床开始，忙碌的身影就一直没有停止过，一会儿在厨房做饭，一会儿在阳台晾晒衣服，一会儿拿起扫帚打扫卫生，又一会儿提着菜篮子出门。总之，家里的事情就好像没完没了，母亲好似陀螺一般，每日里都在不停地转动。

"待在家的那段日子，让我更深切地感受和体会到了母亲的辛苦。作为家里的老大，我时常跟在母亲身后，想着能帮她干家务活也好。我学过做饭，还会发酵粉蒸馒头，但是烙饼始终没有学会。偶尔我也会帮妈妈纳鞋底儿、缝被子……"

邻居都羡慕母亲养了这么懂事孝顺的好儿子。母亲对郭平川的行为颇感欣慰，她的眼里、心里皆是满满的笑意。

不知从什么时候起，郭平川开始对做家具产生了兴趣，并研究着做起实物来。从简单的桌椅板凳到复杂的大衣柜，竟然做得有模有样，久而久之成了一名在街里街坊中小有名气的"小木匠"。谁家门锁坏了、椅子腿断了，都会来找他帮忙。

"我自己买的刨子，买的锯子。又到小树林里弄几根劈柴，就开始动手做，那时候也没人教，都靠自悟。我还记得做的第一个物件是脸盆架，之后又为家里做过木桌、木床、柜子等常用家具。"

爱好是一个人具有浓厚兴趣并积极参与的活动，不是为了生存进行的辛苦劳作，而是一种技艺、一种探究，同时又是一种能力的见证。

无师自通，与众不同。一个好的木工，需要了解各种手动工具的用途和操作方法。令人诧异的是郭平川当时只是一个小小少年，只靠自学和实际操作就掌握了这些技能，更不可思议的是他是怎样在没有图纸情况下，设计、计算各个家具的尺寸比例呢？那些记忆中用木工尺和墨斗在木料上量、画的场景，都透着浓浓的年代感……

年少的郭平川，一不小心把自己变成了木工爱好者。大到家具摆件，小到各种玩具，都是自己动手制造。他把木工作为实现自己创意的渠道。

看着自己的想法一点点从图纸上的二维线条转变成现实世界的有形产品，这种价值感和存在感十分美妙。

用现在流行的词来说，他就是一个创意达人和手工爱好者，选择木工作为表达情感、调节生活的一种方式。无论何种初衷，享受思考和实践的过程，这才是他喜爱木工这个手艺的根本原因。

因为喜欢木工活儿，所以郭平川锻炼出了较强的动手能力。当时在卫校学习时，他常常被派到技工室去实习，在技工室做冷弯卡环常常受到老医生的夸赞。他也喜欢乐器，所以看到什么坏掉的吉他、二胡，他都会主动把它们修好，正是这些动手实操的基础，奠定了他后来在口腔实操中快速适应的能力。

现在一有时间，郭平川就会提醒他身边的实习医生们回家多干点活，"现在的小年轻，基本上都是独生子女，从小都太宝贝了，导致他们动手能力不太行。我费了半天劲把这个孔钻好了，他们却连螺丝都拧不进去。明明是这么大的孔，他们非得拧这么小的螺丝，你说怎么可能拧得好？"

对于牙科医生来说，动手能力是非常重要的，所以郭平川一进牙科就游刃有余。这不仅源于他的悟性高，善于思考，更是因为他的实操能力。从十六岁的青春少年到现在的矍铄之年，他这一辈子注定在口腔领域深耕。

第三节　机遇来敲门

七十年代，这届毕业生大多数被分配到了本地国营工厂、集体企业、服务行业等，还有些同学当了教师，进了事业单位。作为急需补充的新生力量，他们自然成为在各单位受欢迎的小青年，得到了单位的重视和重点培养。

他们中的绝大多数，身着让人羡慕的劳动布工装，在宽敞高大的厂房中，在隆隆作响的机器旁进行"八小时"工作，从学徒工干起，经历了出师、定级，掌握了生产技能，有了稳定的工资收入，跨入了工人阶级队伍的行列。

他们按时上班，在单位吃食堂，在单位洗澡，下班后打球、逛街、看电影、遛公园、下馆子，过上了自由自在的幸福的小日子，成为那个年代让人羡慕的城市青年潮流一族。

更幸运的是有些人以"工农兵学员"身份被推荐保送上了大学，毕业后走上了技术人员和领导层岗位。在后来的人生轨迹中，他们又经历了上夜大、电大等挣文凭、评职称的职场竞争。

1971年，全国教育工作会议规定，高等学校恢复招收新生。刚恢复教育那阵，年轻人还必须要下乡，但郭平川幸运地被选调到了当时的卫生学校，这是一所半工半读的学校。当时他十六岁，这次选择决定了他的终身职业和使命。

"当时我初中还没毕业就被选调到卫校去了，这是我的幸运吧。当时第一批招的是小学教师，第二批招的是卫生人员，都是从每个学校选出十几个人。在中学阶段，我是一个老实听话的好学生，同时我还积极参加学校的文艺和体育方面的各种活动，相对来说算是优秀的学生吧。后来我才知道，包括我能去卫校学习也是学校的老师推荐的。"回忆起这段岁月，郭平川露出了一丝腼腆的笑容。

其实郭平川所在的105中对应的是天津医院，也就是当时的天津市骨科医院，但他却被选送去了卫生学校，当时叫红十字会医院。卫生学校里大多是来自海河中学以及陈塘庄中学的学生，唯独他一个人来自105中。"这也算是阴差阳错吧，如果当时我被推荐到天津医院的话，很可能会被分配到基础科室，或者是骨科的复位科室，就与口腔无缘了。"

在当时众多的中学生中，能够被选送到卫生学校去上学是多少学生和家长的期盼啊！所有家长使出浑身解数，动员所有可以动用的人脉和关系，都希望给自己孩子创造一丝升学的机会！"我父亲当年响应国家大炼钢铁的号召转业到天津冶金行业，被任命为天津钢厂的书记。却因时代原因突遭变故，我当时的家庭状况别人避之不及，哪里还有什么关系可以走动。"虽然郭平川至今都没有找到推荐他的那位老师，但他对这份极为厚重的师恩一直心存感激！

当年郭平川所在的卫生学校是原天津河西区一个老红十字会医院，后来改名为大营门卫生院。郭平川所在的卫校就是大营门卫生院办的学校，当时是由干部疗养院和红十字会合并而成的。"我们那时没有专门的学校，都是院办校"。他们那一届初中毕业生，进入卫校后都是先学习两年基础理论知识，第三年实习毕业。郭平川所在的医院年轻力量严重不足，极度缺乏医护人员，他们学校的女学员大都被分派到医院当护士或助产士。另外医院的牙科很有名气，所以留下的十几个人被分配到牙科学习。当时他们毕业之后的职称为医士，大学毕业叫医师，但是医士满五年后可以考医师，再超过五年的可以考主治医师。就这样，郭平川开启了他的口腔医学之路。

往事如烟，五十年光阴转瞬间从指尖滑过，蓦然回首，青春逝去，一声叹息，万分感慨！当年一群青涩懵懂、天真烂漫的孩童，随着岁月的逝去渐行渐远，如今已是儿孙满堂、白发苍苍的老者！但岁月的积淀，让他们拥有了更加富有色彩的人生；生活的磨砺，让他们有着更加沉稳的生活态度。

总体来说郭平川所代表的五零后这一代人，他们有着坚韧的意志和豁达的胸怀。始终怀抱着信念与追求，不懈努力，奋力前行，所以得到了时代的垂青，既给了他们迷茫困惑，又给了他们无限的机遇。这就是他们的主流情绪和群体性格。五零后毕业那年是建党五十周年，今年迎来建党百年华诞。生在新中国，长在红旗下的这一代人一生离不开这红色情结的相伴相随，或许这就是他们注定的缘分吧！

郭平川：中国民营口腔的探索者

第二章
> 另一种人生的开始 <

回头看，好像每一条岔路我都走对了。

——郭平川

一个人的思维维度决定了他的人生高度。只要你具有了格局、胸怀、视野、抱负，无论世界多么喧噪，你都会在心开始的地方等待梦想启航……

生命是一树花开，或安静或热烈，或寂寞或璀璨。在岁月的年轮中渐次厚重，在繁华与喧嚣中，被刻上深深浅浅的印痕。

但凡有所成就的人，都是内心强大、精神丰富的人。他不需要色厉内荏，他的精神世界坚不可摧。他不在乎会有多少人误解他，也不在乎会有多少世俗的偏见，始终坚守着自己内心的那份执着，心怀远方，全力以赴，终将有所成就。

每个人都在奔赴各自不同的人生，当你想要活出自己心中的模样，便要主动去追寻梦想的脚步，走出属于自己的人生道路。因此，寻找便成了一件弥足珍贵的事，这也是我们此生最艰难的选题。

第一节　从半工半读到牙科医士

1971年的初秋，对于郭平川来说格外的赏心悦目！走在硕果累累的银杏树荫下，秋天柔和的阳光散落在叶子上，树叶的影子也顺着阳光射了下来，时而密时而疏，让人情不自禁地想起了《故都的秋》。这年秋天，郭平川满怀欣喜地入学了。他就读的卫校（原天津市护士学校）是特定历史阶段的产物，当时的卫校都是各个医院的院办校，刚开始办学时叫半工半读卫生学校，后来统一叫护士学校。卫校的学员都是天津市区人，年纪最小的才十五岁，那时还是个"红领巾"。他们的到来，让原本寂寥的校园热闹了起来，那一张张朝气蓬勃稚气未脱的明媚的笑脸让略显衰败的院落热闹了起来。

针对当时全国缺医少药的情况，卫生部对医士科教育的宗旨是在短时期培养出能在基层卫生机构独立工作的医护人员，包括口腔科在内的全科医生，除了能全面掌握常见病、多发病的诊疗技术外，还要能助产接生、处理难产，一些外科手术的基本操作，以及学习公共卫生的各方面措施，控制传染病、运用统计分析法等。根据教学大纲，要求医士科必须在两年半的时间内完成大学本科的基础学科和临床学科的共计二十四门必修课。

医士科专业虽然是从苏联引进的，却没有他们的教材译本，而且上世纪五十年代初，各地医学院校也没有统一的教科书，使用的还是中等专业教材，因此医士科的教材也没有现成的范本可以借鉴。教师们只能根据教学大纲，再配以个人的经验见解编写教材，或选用现成的相关学科的书本。

由于教学经费的限制，各学科选用的教材和教师编写的讲义也无法印发给每个学生。每天七节课，上午四节下午三节，老师上课的方式就是填鸭式地灌输教学内容。郭平川和同学们每堂课都得全神贯注地竖起耳朵，全方位接收各科老师们滔滔不绝的讲课内容，稍稍一走神，就会漏掉一些内容。还得瞪大眼睛盯着老师在黑板上以飞一样的速度写下的知识点，手也要跟随老师的书写速度迅速记录在笔记本上，不敢有丝毫遗漏。于是，晚间两小时的自修课就成为同学们相互借鉴并校对日间笔记的"必修课"。

月色朦胧，树影婆娑，在静寂无声的校园里，放眼望去，一间间教室内灯火通明，那一盏盏温暖的灯光陪伴着学子们奋笔疾书的背影。光，照亮的是一颗颗求知若渴的心灵，点燃的是一个个青春向上的故事。

求知的学子，有时为了某一问题竟要问遍整个班级的同学，力求每个知识点都精确无误，如此一个学期下来，每个同学都积累了二十多本厚厚的笔记。负责任的老师，为了在有限的时间内让学生们能够更多更好地吸收所学的知识，尽可能地将时间充分利用起来，就连学生们十分期待的寒暑假也给缩短了。

"我至今还记得其中一位老师对我们说过，'我由衷地希望同学们都能成为一名合格的、医德高尚、名实相符的医师，决不要当医匠，不能仅停留在知其然而不知其所以然的层面上，非但要知道其所以然，更要善于举一反三，触类旁通，有所发明，有所创造，并且努力求得科学论证。'显然，这位老师对我们医士科同学的期望是很高的，在他的眼里我们就是医学界的未来。"

在原来的计划中，郭平川他们第一学年学的是一些基础知识，第二学年将涉及牙科。但实际上郭平川和他的同学们第三年才开始正式学习牙科这门课程。在进入卫校学习一年半后，学校开始为同学们分配科室，女学员都被分配去当护士，男学员被分配到医技科室，比如化验科、放射科等科室。

于是，这群初出茅庐的半大孩子们，怀着无比激动又忐忑不安的心情奔赴了各自的工作岗位，为自己的人生开启了新的旅程。

作为一名卫校的学员，在学校的安排下，郭平川经常去本医院的口腔门诊部实习，跟着医生前辈们进行临床实践。前辈会带着他对一些相关的器材设备进行了解和熟悉。刚开始接触仪器那会儿，郭平川是格外激动和欣喜的，虽然不是高科技精密仪器，但他还是充满好奇地观察着它们，有一种说不出的亲切感。一开始，前辈并没有让他直接上手操作，只是让他在旁边观摩研究，有什么不懂的就提问请教。闲下来的时候，前辈还会和郭平川讲一些工作方面的经验和技巧，渐渐地，他对工作上的流程就熟悉了，对实操工作也有了自信心。在前辈的指导和帮助下，他终于开始尝试实践操作。郭平川非常珍惜每一次实操的机会，都提前做好各种充分的准备。前辈们对他认真诚恳的学习态度及实践工作中稳重干练的表现都十分满意。得到认可的郭平川更加自信满满，有足够的信心去面对未来口腔事业的各项挑战。

有梦想的人生谁都不敢小觑。郭平川在实习的时候，他一直秉承着多看、多问、多记、多做的学习态度，扎实稳健地提升了自己的理论基础和实操能力。

多看：在学校学到的大多都是理论知识，到临床上就要多看实际操作。看各种病例、症状、体征、鉴别诊断，有些实例和书本上还是有些差异。口腔科医生不仅只是需要学习口腔这个范畴，还要有一个整体观念，毕竟有些身体疾病也是和口腔疾病是相关联的其他科的病例也只有在实习时才能看到，因此在实习中一定要充分抓住这个难得的机会，认真地观察和学习。

多问：在实习的时候，刚迈入工作岗位的他们总会遇到一些自己不懂、学校没教的问题，有的人会因为顾虑面子不向前辈们请教，但是郭平川发心里清楚有些问题不弄明白只会让自己一错再错，时间长了容易害人害己。因此有不明白的或者想要了解清楚的，他一定第一时间虚心地向前辈们请教。

多记：每天的实习结束后，伏在书桌前的郭平川总要回想一番今天的收获有哪些，然后将它们认真仔细地记录在本子上。也许一两天的收获并不算多，但不积跬步无以至千里，不积小流无以成江海，知识和经验都是在我们平常的点滴中积累得来的。

多做：古语云，纸上得来终觉浅，绝知此事要躬行。终究经验都要从一点一滴的实践中积累而来。工作时，要有足够的耐心把病例做好，不要怕反复，完成后更要及时总结复盘，做得不满意的地方下次努力改进，只有不断地总结经验，我们的能力和经验才会在一次次的实践中得到提升和精进。

从日光倾城，到月色离岸，朝暮之间抒写着从未懈怠的华章。自此，郭平川从十六岁开始入行到十八岁参加工作，一直到现在依然在口腔这个领域辛勤耕耘着。

人生的记忆就是对岁月的一次次回眸，或是骄傲的慰藉，或是跌倒的沮丧，或是无限的憧憬，或是一片沧桑。这就是人生的五味，任凭谁都不能跳过。

第二节　行走在学校之间的校医

独一无二的人生经历是每个人最弥足珍贵的人生财富。我们从年少无知，到青年懵懂，再到中年睿智，这需要我们自己去体会生活带来的甜酸苦辣，而这些经历会磨炼我们，让我们一次次蜕变成长，让我们体会到属于自己的人生经验。

1974年，除了小学生，初中以上的学生们都要去乡下拉练，当时十九岁的郭平川便被医院委派做了下乡拉练学校的校医。"我那时要负责一个学校将近一千多名学生的保健工作，也就是现在的校医。当时我和学生们是徒步走到静海。我们每个人背着沉重的行囊，从清晨天空刚泛白时出发，一直走到朝霞满天的傍晚才到达静海。比现在的军训艰辛多了。"四五十公里的路程他们足足走了一天，一些女学生叫苦连天，疲惫不堪的他们几乎要瘫在地上。

在边远地区的学校里，由于客观环境的限制，学校的设施极其简陋，摆放的课桌椅大多也是"缺胳膊少腿"，教室里还四处漏风，外面大雨，屋内小雨，外面不下，屋里还滴滴嗒嗒。从春到秋"窗户"都是有框无窗地存在着，只有到冬天才会用从各处收集来的各种纸糊上，来抵御强劲的东北风。拉练的学生们就住在各个村的学校内，大部分宿舍就是一条通铺的土炕，有的连炕席都没有。

那时候的农村学校卫生条件非常落后，学校的食堂就设在厕所或猪圈旁边。夏季苍蝇成群结队地在食堂与猪圈厕所之间来回地巡航飞行。到达农村后不久，参与拉练的师生们就得了痢疾。将近百分之四十的人发起了高烧，"其中一个学校的一位体育老师，每天骑着自行车带着我颠簸在崎岖的乡村土路上，辗转于各个村落之间，给得痢疾的师生治病。我在那边没日没夜地工作了七天七夜，甚至连一点睡觉的时间都没有，最后实在支撑不住晕倒了。"

磨砺，让生命更为茁壮，磨砺，让意志更为坚强。经历了磨砺后，你会猛然发现，原来平凡的躯体也能承受如此多的生命之重。郭平川就是用最自然、最和平的心态对待每一个极普通的日子，慢慢等待着春暖花开，岁月静好。

那个时代，中国很多农村依旧处于贫穷状态，午餐通常只有一份时令蔬菜，比如卷心菜、大白菜、土豆、萝卜等，盛在一个直径六七寸的脸盆里。土豆，即便是老土豆，也从来不削皮，吃的时候要自己动手把老皮分拣出来。

在农村的学校里，大部分学生都需要住校，家长按照一个月三十斤粮食、十一元菜金的标准交给学校食堂，学生才有一日三餐在食堂吃饭的资格。郭平川对这段记忆尤为深刻，当时由学校食堂统一安排学生们的伙食，"一般早餐是稀饭、玉米饼，外加一小碟儿凉拌大头菜或萝卜丝。午餐和晚餐吃干饭，食量上按照早中晚各三两、三两、四两的标准配给。这样的伙食只能管饱，不能管好。米饭里吃到老鼠屎、石头、沙子那是常事，而且米饭口感很差，有时甚至难以下咽。"

当时的食堂设施跟现在完全无法相比，所有人吃饭时没有凳子可坐，只有一张方桌。这仅有的一张方桌便是每天所有食客的依赖，久而久之，那些饭菜就腻在地上和桌子上，形成厚厚一层油渍。食堂的校工两三个月会把饭桌抬到水龙头边清洗一次，他们得用砖头在桌子上反复摩擦，才能使之恢复本来的木头颜色。

当时下乡工作是非常辛苦的。郭平川经常无法入睡，晚上面对的不只是硌得骨头生疼的硬土炕，还有数不清的跳蚤的叮咬。当倦意打退所有不适，他便沉沉睡去。仅数小时后，他迎着晨光走到井旁，一捧清水泼到脸上，用凉意逼退倦意。他要保持清醒，毕竟白天还要在各个村子之间来回奔波。这样的工作强度整整持续了数周，他已身心俱疲，但历练尚未结束，这样的日子又过了很长一段时间，在卫生局派出医疗队之后，他才回到了自己的工作单位。

记忆，是那些被时光精心挑选，刻意留在回忆里的经历。记忆是公平的，一个人但凡经历过的事情，总会被一一记录其中。赋予情感多的，记录的时候，下笔也难免会重一些。一个人的一生，所经历的事情都是有限的。其实应该觉得幸运才是，因为你才是那段过往中的主角。最灿烂最真实的自己，与之后的每个瞬间，都同样绽放着光彩……

第三节　坐诊的口腔医师

"那时，我们医院的牙科还是很有名的，我们班的十几个同学都选择了学习牙科。"毕业后，郭平川选择留在了本校的医院，每天奔波于自习室和操作间，半天学习，半天实习，实习最多的科室就是牙科。他最早是分配到技工室做活动义齿，由于悟性高、动手能力强，很快便掌握了难度程度颇高的冷弯卡环和活动义齿的制作。

1973年，年仅十八岁的郭平川开始在口腔科坐诊。当时看牙齿类疾病对患者来说是一件非常困难的事，患者需要在凌晨四点就开始排队拿号，拿到号后再等候看病，通常情况下稍微晚到一点，就基本排不上当天的号。那时，医院规定每位医生一天只能看二十个病人，病人大多是公费医疗，因此自费来看牙病的并不多。"当时牙科技术还较为落后，我们医院牙科室的老医生多，多数都比较简单地选择给病人拔牙，即使是能治疗保存的牙齿也不给保留。"郭平川看到这种情况后，于心不忍，开始寻找不拔牙也能治愈牙病的方法。为此，他查阅大量书籍，与多位同事研究保留牙齿的方法和技术，例如根管治疗，当时主要是干尸法或者塑化疗法。

过去因条件受限，国内口腔治疗方法大多简单粗暴，遇到因外伤导致的牙齿掉落，或者牙齿松动厉害的病人，医生就会建议直接拔牙，所以当时拔牙率很高。秉着医者仁心的初衷，郭平川绞尽脑汁想尽一切办法想把病人的牙齿再植入进去。功夫不负有心人，经过不断尝试，郭平川率先开展了再植牙技术，甚至还开展了移植牙齿的宣传工作。他在河西区带头开展了补救牙齿的宣传理念，主张不轻易拔牙。"病人牙疼可以先尝试用其他方法缓解，能治的就尽量治，能保留牙齿的就尽量保留。以前的根管治疗技术不发达，也没有很多的根管锉。因为没有这些根管的用具，多数病人就采用干尸法，后来出现了根管塑化法，我就将这种方法运用到了临床上。"

一时间，郭平川的就诊号一号难求！别看当时的他才二十岁，但他纯熟的医疗技术以及医者仁心的治疗态度，使得医院早就有了让他负责口腔科重要工作的想法。

"当时国内对种植义齿了解和接受的患者还不多，大多数医生也由于以往的经验对种植牙能否长久使用还存有疑虑。种植技术发展到今天，现在国际上已有50％以上的患者在镶牙时会首选种植义齿，而医生也在研究如何使更多的人能够种植。可见我国种植义齿的发展空间还很大，需要做的事情还很多。"

牙齿再植就是将我们脱落于牙槽窝内的牙齿，或者是因为其他的一些原因需要拔除的牙齿，重新植入到我们原来的牙槽窝内，让它重新生长。牙再植术所使用的都是我们自己的天然牙。"我在文献里看到了有种植牙这一说法，于是也尝试着做种植牙，但结果都是以失败告终，究其原因，还是我对这方面的知识知之甚少，还需要继续学习。"

一旦你找到了目标，你便浑身充满了力量，不再感到彷徨、郁闷，怀才不遇。梦想和目标就是你最大的动力，而机会总会留给有能力并时刻准备的人。

求知若渴的年轻医生

"医生没有速成的，想成为好医生不仅需要自身努力、临床深耕，更需要时间的积累。你要对自己的每位患者、每次治疗负责，你要对得起他们的信任。"

实际上郭平川刚到医院担任口腔医生时坐诊的工作并不多，毕竟他当时年纪尚轻，经验相对缺乏，医院出于这些考虑，经常给他派遣其他的工作。但郭平川凭着对知识的渴望，抓住一切可以学习的机会，努力朝着全科医生迈进。

"因为我的职业是医生，更需要不断丰富我的医学知识储备，所以就想方设法地找各类医学书籍学习。当时天津市还没有正式的医学图书馆，但是还是被我找到了一个叫'医学情报研究所'的地方，我就在那里办了一个借书证，基本每个周日下午都会跑到那里查找资料和搜寻书籍，摘记下来自己想要的内容并整理成册。"踏实认真的郭平川感染着遇到的每一位好心人。久而久之，研究所的工作人员会替郭平川提前找一些相关的书籍给他留好，等他周日过去时，默契地递给他并报以一个微笑。郭平川的心里暖暖的，这也许就是正能量的传递。午后的阳光，渐渐爬上了书馆的窗棂。那斑驳的投影，温暖了馆内某个角落。伴着午后的阳光和淡淡的书香，郭平川度过了一个又一个充实的周末。

未知是一种诱惑，也是一种挑战。知识的获取绝大部分来自学习。吸纳众家之长为我所用，厚积薄发，这才是学习该有的姿态。郭平川做到了。

越努力越幸运，医院开始鼓励像郭平川这样爱钻研业务的人。他被树立为又红又专的典型，当先进，还被推选为科室负责人。从1976年底到1977年，他先后荣获了"河西区新长征突击手""天津市新长征突击手""全国新长征突击手""天津市劳动模范"等荣誉称号。虽然各种荣誉不断加持，但在他心里依然保持着一颗医者的赤诚之心。

下乡支援医疗队的骨干

"1975年，我刚刚坐诊没多久，就被医院派到河西区下乡支援医疗队去了，巧的是我在医疗队遇到了曾经在卫生院一起读书的四位同学。我所在的这个医疗队被派到了小站地区，小站当时有二十六个大队，我们的任务就是给当地的老百姓看病治病，什么病都治，伤风感冒、头疼、腿疼、腰疼、外伤等。所以这一年我也成了一名全科医生。"

当时河西区有两所综合性的大医院，一所叫大营门卫生院，另一所叫韶山医院。两家医院都要派出一部分人去乡下，这是个苦差事，自然要以年轻医生优先，那时郭平川经常要外出就诊。农村医疗条件十分有限，村里的卫生所几乎没什么药物，为了节省仅有的医疗物资，只有当病人实在痛得厉害时才会打一针止痛药。作为一名医生，郭平川看到眼前这种状况，既满怀对病人的同情，又充满无能为力的遗憾，他的心情非常沉重。全科知识郭平川仅学过一些基础医学课程，当出现重症患者他还是感觉力不从心，应付不来。所以在他下乡期间，都随身带着书，一直是边学习边研究，有时还现学现卖，解一下燃眉之急。

"实际上，我的重点是口腔，所以我带了一套简易的拔牙装备，还带了一个手术包，可以给当地有牙齿问题的人做一些小手术，比如止痛、拔牙等。在医疗队我们也曾经做过口腔手术，例如腮腺混合瘤，那是我第一次做颌面外科手术，就是把瘤子摘掉了就完成了，以现在的标准来看并不是很成功。"

当时所谓的手术室就是在农村一间土屋临时搭建的，这是一所快要倒塌的土屋，土坯墙，木横梁，用稻草竹竿编织的苫盖屋顶已多处破漏。因为长时间无人居住，墙角和屋顶已纵横交错着数不清的蜘蛛网。为了防止屋顶上面掉土，医护人员还在土屋顶上拉开一张床单。手术床也是从村里好不容易找来的一张简易木床。郭平川和他的一个同学主刀，那位同学是专门做颌面修复的，整个手术基本上是他们俩互相配合来完成的。后来郭平川想到他们这个医疗队里有四个同学都是学口腔的，于是四个人决定组织起来给当地的学生免费补牙治牙。正所谓"术业有专攻"，在他看来，这才是他们牙科专业的人应该做的事情。就这样，他们给小站这个区域二十六个大队的学生进行了免费的补牙治牙治疗。

这样支援医疗队的工作，郭平川他们一直坚持到1976年，那场震惊了整个中华大地的唐山大地震使得他们的工作不得不终止。这场天灾，不止给唐山人民带来毁灭性打击，距离唐山一百零八公里的天津也遭受到重创。同乡的郭平川和多位同学，不知家乡和亲人的近况，一时间全部心乱如麻。"当时我们正好在小镇周边的一个大队里，刚住进去还没有开始工作，当晚就地震了。地震时我们所在的村子距离市里估计有四十多公里。地震停止后的一两天，我们没有接到任何上级的指示，一时也不知道该怎么进行下一步。那时听说唐山市整个城市都被震平了，通讯也全部中断，根本无法联系到家人。我们非常担心家人的安危，于是在村子里到处借自行车，急着赶回家去看看情况。"

郭平川心急如焚地赶回了家，万幸的是家人没什么大碍，几天来一直提着的心也就放下了。又怕医疗队那边有任务，郭平川又连夜赶回了小站待命。后来有数据统计，这场地震破坏了天津市中心六区64％的房屋，三成以上学校、医院、文化设施、商业网点倒塌或被严重破坏。鉴于当时市里的抢救任务很重，老领导当即决定安排他们回去支援，于是他们赶回市里，回到原来的医院继续工作。"我就跟着一块去抢救、缝合、换药，当时我所在的那个卫生院里就停了七具尸体，大营门地区是重灾区，所以回院之后又奔忙了两三个星期。还没等松口气，又接到任务紧急集结，马不停蹄地奔赴小站镇医院，在那儿等待救治抗震受伤的住院人员。"就这样，郭平川在援乡医疗队紧张工作了一年，才又回到了大营门卫生院继续他的牙科门诊工作，又听到病人亲切地称呼他——"郭大夫"。

对于二十多岁的年轻人来说，激情是永远不会枯竭的，虽然经历了艰苦，但也磨炼了意志。

若为树木，自当茂密苍天。若为小草，自是芳草萋萋。找到属于自己那片宽阔广远的天空，任其光芒万丈！

耿耿于怀的大学梦

不侥幸、时刻做好准备，是一种难能可贵的品质。做好当下的每一次准备，就是为自己的未来负最大的责任。学历不高一直是郭平川无法弥补的遗憾，曾经的一次次机会都与他擦肩而过！

1977年12月10日，历史已铭记了这个日子。这一天，五百七十多万从农村、工厂、部队走来的年轻人，怀揣着难得的名额和奋发的意气奔向考场。由于报考人数过多，国民经济也刚开始恢复，国家一时竟拿不出足够的纸来印考卷，中央果断决定调用印刷《毛泽东选集》第五卷的纸张。最终，二十七万年轻人在第二年的春天，迈进了梦寐以求的大学校园。这是当年数百万懵懂少年、苦命知青的人生转折，更是一个国家的命运拐点。

1977年高考时，郭平川所在的医院有规定：学西医的也要学中医，所以他又在第一中心医院学习了半年的中医，因此没能参加1977年的高考。1978年高考时他刚刚学习回来，此时距离高考仅剩三个月，在如此紧张的状态下，郭平川从容应对高考，总成绩轻松过线，却以几分之差与他想要报考的天津医学医科大学失之交臂。于是，他就在表格上填写了志愿服从分配，结果被天津南大一所分校的化工系录取了，这个专业与他从事的医学领域完全不搭边，无奈之下他只能选择放弃。

"原计划是第二年重考的，那年医院颁给了我1977年—1978年的劳动模范称号，成为医院优秀代表的我，一时间接到许多媒体的采访。另外，每天的病人预约也安排得满满当当，导致我根本就没时间和精力去复习功课。虽然后来我利用晚上的时间去看书学习，但这点时间对于备战高考还是杯水车薪，于是这一年我终究考得一塌糊涂，只能无奈地选择了放弃。"

最终由于各种原因，郭平川始终没能如愿踏入他梦想中的医学殿堂，这也成为他此生最大的憾事！"我怀疑自己命里注定有这个'劫数'！我虽然心不甘、情不愿，却又无能为力。"父母看他整天愁眉苦脸、垂头丧气的样子，就宽慰他："人生有很多条路，不只考学这一条，只要有梦想能坚持，条条都是坦途大道。"道理他都懂，但那时的他就是一时无法释怀。

但是，谁的人生又能一帆风顺？好在郭平川并没有在失意的道路上多做停留，而是更加坚定地继续自己的医学研究，同时他也特别珍惜此后人生中每一次的学习机会。

第四节　最年轻的院长

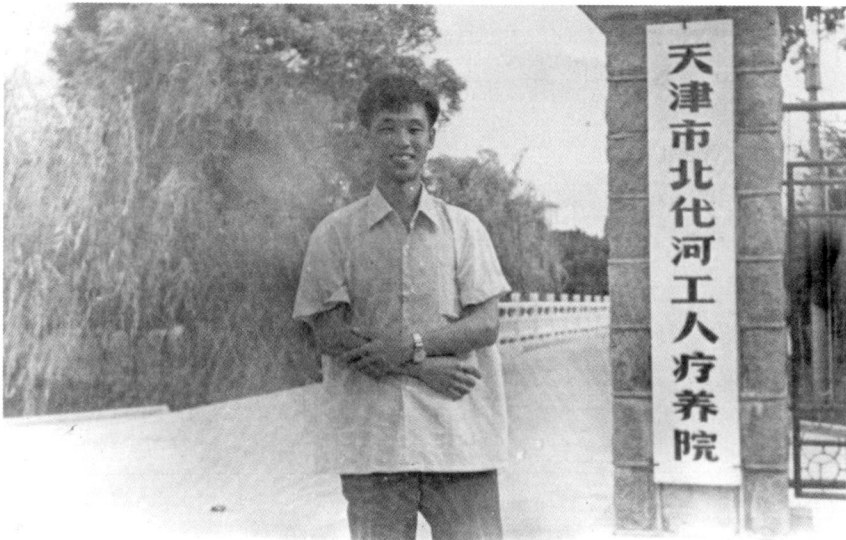

（1980年，荣获劳动模范的郭平川在北戴河疗养）

当时郭平川所在的牙科有二十多名牙医，好多卫生院都没这么大的科室。1980年河西区成立了口腔病防治所，就把郭平川以及同事们独立出来，把口腔作为一个医院单独分离出来。1984年，郭平川担任了口腔病防治所的所长。

时间跨入九十年代，郭平川所在的口腔病防治所也升级改成了口腔医院。新的口腔医院在组建时，卫生局就把它作为院长负责制的试点单位，作为技术骨干的郭平川主动请缨参加竞选。当时医院的书记非常支持他，同事们也都纷纷推荐他。在大营门卫生院工作期间，郭平川当过全国新长征突击手、天津市突击手，并蝉联两届天津市劳动模范。同年，年仅二十九岁郭平川成为医院史上最年轻的院长。

一时间羡慕声、赞叹声不绝于耳，喜悦之余郭平川暗暗告诫自己要更加努力。只有在努力中去盛开自己，绽放出来的花朵才会更加馥郁浓香、美丽迷人。

这期间郭平川在创新方面也做得风生水起，开创了天津医疗领域的许多先河，引进多项技术的引进填补天津医疗领域的空白。"光固化技术是我带头在天津做的，第一台光固化机器就诞生在天津。光固化技术也就是树脂贴面，现在美容院也还在用这个技术。我非常喜欢医学研究，喜欢尝试各种新技术，包括我自己也是最早在天津做美容的人，包括牙齿美容、整形美容。"那时的郭平川一有时间就出去进修，随着他知识储备的增加，视野的开阔，郭平川的接触面也就更广泛了。他目光敏锐，一旦发现先进的技术都会尝试着引入天津，来补充天津市场的不足。1992年，在郭平川的带领下，河西口腔医院荣升为二级口腔医院。这是一个里程碑式的成长。对于他及医院都是一个坚实的积淀。

人生由一个个梦想支配着，梦想成全了人生。一个人有了梦想，生命就有了交代，梦想可以给你美好的憧憬和希望。

郭平川不拘一格，涉猎广泛。当时他还做过登士柏（登士柏国际集团为全球最大最负盛名的专业牙科产品公司之一）的天津讲解员，帮他们在国内做推广，为此他还曾经去过苏联讲课。当时苏联在口腔治疗技术上相对比较落后，他们用的都是大铜套，孩子们因吃巧克力及甜食导致蛀牙偏多，龋齿病情比较严重，他们就是拿着镀着黄色氮化钛金属套包在牙齿上，既不好看，又不雅观，还很容易激发龋牙再坏。郭平川就在那儿给他们推荐讲解光固化技术补牙和贴面美学技术。

除了光固化技术，郭平川还在区级的口腔病防治所开展颌面外科。颌面外科就是针对唇腭裂修复手术以及其他口腔颌面部肿瘤手术。科室刚成立时唇腭裂患者非常多，天津市口腔医院根本接不过来。医者仁心，郭平川代表医院主动向市口腔医院请缨，对一些正在排队等候的病人进行救治。并聘请天津医科大学陈哲主任主持操刀。

当时从上海到北京，还有华西口腔医院都把牙科扩大到口腔的范围内。在国外还都叫牙科的时候，国内已经开始更名叫口腔科了，并涵盖了口腔颌面外科，除耳鼻喉科的眼科以外，都归口腔颌面部。郭平川更一直致力于把他们的卫生院打造成口腔医院，他亲自参与设计病房，就连手术室都一一进行了改造。对外他还提倡在全区做牙病预防，他是最早提出"预防大于治疗"的专家之一。当时把国家卫生部的部长陈敏章都请到了天津参观考察防治小学校。

河西区的区长也非常支持郭平川的提议，并大力支持口腔保健工作。"当时我被任命为天津市河西区的口腔病防治办公室主任，领导小组组长是河西区区长，副组长是他的办公室主任，我们在每两年之内把整个河西区的中小学生（不包含幼儿园的孩子），都做了一遍口腔预防和简单的充填及拔乳齿的工作，并决定之后每两年定期执行。

郭平川上任后的一系列举措让他在天津口腔领域成为了一颗冉冉升起的明星，闪烁着光芒。他一路高歌猛进，不仅开发了光固化、颌面外科，还联合华西做种植，与首医合作办矫正中心。当时，天津市"津京正畸治疗中心"就设立在郭平川的河西口腔病防治所。

光芒四射的人生，从来不是由大道理勾勒出来的，而是由踏踏实实的点滴积累起来的。成功从来不是一步登天，而是聚沙成塔。做事的人，必须一步一个脚印地干好每一件小事，才能铺垫好成功的基石。所以不要在夕阳西下时幻想什么，而是要在旭日东升时投入行动。

"之后我又开始尝试做起了种植义齿，在组建河西口腔病防治所时，我把一部分卫校的老同学聘请回来一起工作，其中有一位同学还是我的发小。他调侃我说，'你现在是院长，外科手术就别做了，多去研发一些新的技术吧。'"说者无心，听者有意，经过深思熟虑，郭平川决定听从发小的建议，从颌面外科转到了种植。郭平川与华西合作的种植也是天津市开展种植最早的项目。当时国家卫生部把华西口腔医学院的口腔种植技术和北京口腔医院的"镍钛丝矫正"技术引入，作为卫生部十大推广项目之一。

与华西合作生产种植机

1990年郭平川筹备并创办了河西口腔医院的第三产业——种植机生产工厂，这是一家专门为华西口腔医院制作配套种植机的工厂。"当时华西的种植机技术非常有限，只能在现有的条件下自行研制出一个简易的种植工具。我一看这样的工具太不专业了，于是就到处翻阅相关资料，寻找突破这个技术的方法。"郭平川在那段日子里日日夜夜念叨这件大事，吃饭在想，闭眼在想，去图书馆的路上也在想……皇天不负有心人，他终于在为数不多的相关资料里欣喜地发现了国外竟有专门的种植机。结合国外的资料，再经过不断的琢磨推敲，郭平川和几位工程师终于成功研制出了中国的种植机。

"1991年，种植机技术已趋于成熟，正好也是积极响应当时卫生局提出的对各个医院开展第三产业的要求，河西口腔医院的第三产业诞生了。"就这样，华西输出种植体，郭平川这边输出种植机，强强联合的结果自然是双方受益。到了第二年，就是这家小工厂让郭平川为医院赚了二十万元，这在当时可是一笔相当可观的收益。

"让我感到非常幸运的是，在接手这家第三产业公司期间，我结识了人生中最重要的人——台湾种植专家苏嘉俊，后来他成了我重要的合伙伙伴。"

天才毕竟是少数，更没有人天生就是专家学者。但通过学习你可以开辟一条通往成功的道路。学习就是连接梦想和现实之间的一座桥梁。

郭平川是民营口腔进入中华口腔医学会种植专委会的委员的第一人，他任职了三届种植专委会的委员、两届的常委，委员会成立至今郭平川是唯一一位来自民营机构的常委。

自那时起一直到现在，郭平川对种植的钻研就没放下过。他在这个领域孜孜不倦地潜心耕耘，一路跋涉，时刻掌握国内外最新资讯，并致力于将国外最前沿的技术引进到国内，造福于民众。

当时北京口腔医院（现在的首都医科大学口腔医学院）教授王邦康发明了镍钛记忆丝，用记忆功能矫正器矫正牙齿。郭平川听到这个消息后第一时间找到王教授虚心请教，经与王教授协商后以王教授的镍钛记忆丝这个发明为核心技术在天津成立了"京津联合正畸中心"，并聘请首医的大夫来河西口腔医院做辅导，同时让医院的医生们去认真研习相关技术。

种植义齿也叫人工种植牙，并不是真的种上自然牙齿，而是通过医学的方式，将与人体骨质兼容性高的纯钛金属经过精密的设计，制造成类似牙根的圆柱体或其他形状，以外科小手术的方式植入患者缺牙区的牙槽骨内，再经过3个月的适应期，当人工牙根与牙槽骨密合后，再在人工牙根上制作烤瓷牙冠。种植牙可以获得与天然牙功能、结构以及美观效果十分相似的修复效果，已经成为越来越多缺牙患者的首选修复方式。因不具破坏性，种植牙已被口腔医学界公认为缺牙的首选修复方式。

从六十年代Branemark教授提出骨整合理论之后，现代意义的种植牙被越来越多的国家所接受，并迅速普及起来。种植义齿改变了传统的口腔修复观念，实现了最大程度地保护现有天然牙齿，不用再破坏邻牙，更加模仿天然牙，舒适自然；能够解决一些传统方法不能解决的问题，比如游离端缺失、多数牙缺失希望固定牙修复、老年人全口牙缺失及牙槽骨吸收严重致使活动义齿固位不良等情况。

八十年代我国也开始研究并开展种植牙业务，并一度成为口腔科研及临床应用的热门。如今，在国内各大医学院校及综合医院均设立了相关科室或中心开展种植义齿业务，一些合资和私人的口腔诊所也已开展了种植义齿业务，有的甚至还设立了种植中心。可见种植牙已被越来越多的患者所接受。

当然，种植业务的发展也并非一帆风顺，无论是国外还是国内，都曾走过不少弯路。在国内，由于不良种植体的使用、不正确的操作、不恰当病例的选择、非系统规范的培训和管理、人们不正确的口腔健康观念等原因致使种植牙在初期开展时出现了大量的失败案例，在患者和医务界内都留下了不好的影响，致使很多人都不相信种植牙会有效果。九十年代后，随着国际学术交流的加深，种植牙的研究和临床认识逐步深入，越来越多的医生按照国际标准，正规地开展种植义齿业务，积累了丰富的临床经验，使得国内的种植义齿成功率得到了大幅度的提升，有的医院或诊所的种植成功率达到甚至超过了国际水平。

回望历史，我们不免为其波澜壮阔感慨，但处于当下的人们，有多少想过机遇已来？所幸郭平川对时局的敏锐，使他搭上了1978年改革开放的"时代列车"。

自从郭平川开始接触种植技术，他就认识了很多这个领域的朋友，接触到很多国际先进的技术和理念，同时也让他开阔了视野，更新了思维。无论是出于自己对种植事业的长远规划，还是想给家人更多的生活保障，在诸多原因的促使下，经过深思熟虑的郭平川决定"下海"。他毅然选择离开了自己工作十多年、兢兢业业任职院长九年的口腔医院，"下海"闯荡江湖去了……

每个人都希望在有限的生命里，展现出无限的自己。勇于创新，敢于挑战，抓住机遇，敢于筑梦。世界上没有什么不可能。

郭平川：中国民营口腔的探索者

第三章
> 开启民营口腔之梦 <

梦想还是要有的，万一实现了呢。

——郭平川

在改革开放初期，"下海"经商热潮风起云涌。周边的人不断传说，某某某去外面做生意，成了万元户，谁谁谁自己当了老板！不断涌现的致富故事，似强心剂一般，让越来越多的人热血沸腾，跃跃欲试，希望能闯出一番新的天地。

改革开放后，出于缓解社会就业压力的需要，国家在政策上放宽了对个体经济的限制，1983年，当时的劳动人事部、国家经济委员会联合下发《关于企业职工要求"停薪留职"问题的通知》，以"保留铁饭碗"的优惠条件鼓励国有企事业单位人员"下海"经商。这客观上促成了大批人员下海经商，逐渐形成下海经商热潮。此通知的颁布顿时打破了国有企事业单位"死水一潭"的局面！再加上邓小平南方讲话及经济特区的示范效应，一大批嗅觉灵敏的先知先觉者纷纷踏上创业之路，掀起了以1984年为发端的第一波"下海"浪潮。他们寻找的不止是财富，还有生命的意义。这些早期"下海"的弄潮儿们，在为中国经济创造财富的同时，也走出了一条更能发挥自己潜质、更能提升自我价值的道路。

在此大环境的影响下，1993年1月，一直在公立医院任院长的郭平川也在这股下海大潮的驱动下，逐浪而起，毅然选择辞职下海创业，加入了这股奔腾的洪流中。几经周折，他成立了天津第一家中外合资民营口腔门诊部，即"爱齿口腔门诊部"，从此，郭平川开启了他的民营口腔之梦的探索之路。

心中的版图有多大，拓展的疆域便有多大。或许这就是郭平川所代表的企业家们所拥有的不同于常人的视野和卓越的思维能力，这些特质使他们担负起了"时代先行者"的角色。

下海潮的形成既有政治决策的偶然性又有历史发展的必然性，它对传统的就业观、义利观和金钱观等造成了一定冲击，向人们传递了一种竞争、优胜劣汰的思想，以适应市场经济体制的需要。经商潮作为改革开放衍生出的独特文化现象，更新了传统观念，使人们更深刻地感受到改革开放后三十年的变化。

第一节　毅然辞职

1984年，中国共产党第十二届中央委员会第三次全体会议讨论通过了关于经济体制改革的决定，第一波"下海经商"潮出现，千千万万不甘心"捧铁饭碗、拿死工资"的年轻人一头扎进了商海，"我们下海吧"已然成为流传在年轻人之间最具蛊惑性的试探。

1992年，郭平川向医院提出辞职的消息不胫而走，顿时引起轩然大波！作为最年轻的院长，郭平川对业务的钻研、对技术的创新、对员工的示范，领导都一一看在眼中，自然不舍他的离去。天津河西区卫生局领导，以及一些市领导都坚决反对，轮番上阵，又是悉心劝导，又是分析利弊，与他促膝长谈，晓之以理动之以情，分析当下展望未来，"你这么年轻就做了院长，以你的在天津口腔领域的资历提干就是时间的问题，走仕途是多少人梦寐以求的事情，你怎么能这么轻易地就放弃了呢？"总之对他的辞职请求一致给予否决！

领导们诚恳的态度让郭平川很感动，心里也很是不舍，但志向高远的鸿鹄岂能放弃承载他梦想的那片蔚蓝的天空。"国家单位"一直都是备受关注的热门单位，不乏有几百人竞争同一岗位的局面，主动放弃令人仰慕的"金饭碗"的情况在当时还不多见。郭平川的举动自然成为别人茶余饭后的谈资，一颗石子溅起千层浪……

无论是辞职还是选择创业，这都是一种改变，改变需要的不仅仅是勇气，还要面对无法预知的未来。

第二节　投资失败进了看守所

下海经商的大潮跌宕起伏，有时来运转的获利者，自然也不乏投资失败者，最初创业的郭平川就是众多失败者之一。

为了早日实现自己的梦想，1993年郭平川最终选择离开河西区口腔医院，加入"下海"浪潮。为了筹备自己未来口腔诊所，郭平川想尽办法去赚取本金。当他听说广东那边土方工程特别赚钱，便立即注册了一家贸易公司，并未多加思考就借了两百万购买了十辆大卡车，贸然跑去广东加入了"土方"行列。结果可想而知，钱赔进去了不说，还在看守所蹲了四个多月。"我根本就不懂这个行业，把养汽车这事儿想得过于简单了。当时只看到了表面的利益，拿着计算器一算，这么赚钱！脑子一热，两眼一抹黑，贸然地就跑去了广东。事实上，在当地没有人脉关系，你根本拿不到一手活，工程也拿不到意向款，利润就非常薄。而且司机很难养，汽车也需要各种维护成本……"

万般无奈之下，郭平川联系了早期认识的几位广州的同行，他们介绍郭平川去给当地的一位企业家看牙，先让他赚点小钱。那时郭平川也不了解这位企业家的背景，只是因为看牙的缘故，一来二去，他们就熟悉了。就这样过了一段时间，企业家看出郭平川是一个老实人，就主动给郭平川介绍了几个项目。不久他就以借用的名义拿走了郭平川公司的一本发票，背着郭平川开了一个亿的增值税发票。直到东窗事发，郭平川才知道这位"企业家"实际上是靠出口骗取退税的投机分子。而作为企业法人的郭平川，因涉嫌骗税被政府相关部门拘留。

"当时我这个案子也算是天津市的一个大案了，上亿的增值税发票，涉案金额巨大。我被关在大案处取保候审。按照法律程序需先审理我，而当时的我真的是一头雾水，压根儿不知道开发票这事。直到把我抓起来，我都没见过这本发票，但是涉嫌逃税的这本发票又的确是我公司的。那个时候感觉真的是跳进黄河也洗不清……"

郭平川被关押在大案处，里面关押的都是死刑犯。"我在里面整整待了四个月，那段时间陆续走了十几个被枪毙的犯人，我还帮五个人写过遗书。"在夜深人静的时候，他脑海里各种想法拥挤着、撞击着，犹如一把重锤敲着他的头，一阵阵尖锐的刺痛让他无法呼吸。郭平川在里面经历了一场场诀别，死刑犯临行前那空洞的眼神和无意识的狂笑，让郭平川触目惊心，恐惧之感油然而生。里面的他如履薄冰，每天提心吊胆地挨着难熬的日子，说不害怕那纯属是骗自己；外面的家人、朋友、单位领导也在焦急、忐忑、不安中，拼尽全力为他到处奔走……这一切至今回想起来都让他觉得很不真实。

没有在深夜痛哭过的人，不足以论人生。曾经受人拥戴的院长，如今锒铛入狱的疑犯，从巅峰到低谷，个中滋味，难以言表。这戏剧化的情景之前只有在小说中看过。郭平川的出发点很单纯，就是想自己开一家牙科诊所而已，怎么就天降牢狱之灾于他了呢？深夜难以入眠的郭平川一阵阵悲凉从心底而生。人生的沉浮跌宕，对于那时的郭平川来说过于沉重！而这也是郭平川人生当中的最低谷、最无助的时期。

其实，郭平川刚到广东时就想过自己是不是过于草率了，任何调研都没做就贸然跑了来。当下他就有些后悔，但是转念一想，做任何事情都会遇到困难，既来之则安之，已经走到这一步了，也只能往前冲了。经过四个月的牢狱之灾，郭平川被区里保释了出来，案件因证据不足，他被免予刑事处罚。

人，总要经历一个不幸的抑郁或自我崩溃的阶段。在本质上，这是一个昏暗的收缩点。每一个创造者都要经历这个转折点，他只有通过这一个关卡，才能到达安全的境地。正所谓，不经一番寒彻骨，怎得梅花扑鼻香，虽然这一过程会给他造成一定的痛苦，但也彻底地唤醒了他内在的生命意识，让他看到了一个精神信仰。这个影响会伴随其一生。

　　1995年这个案子彻底结案，郭平川也算躲过一劫，在充满未知的创业之路和如此重大的打击之下，相信很多人会选择退回自己的舒适区，但这不是郭平川的选择。随后不久，郭平川与来自台湾的朋友苏嘉俊密切接触后，深藏内心的创业火苗再次燃起，他想干一番事业的想法从未改变！于是，壮志未酬的郭平川开始筹备自己的诊所。通过对市卫生局的积极争取，经国家卫生部批准终于拿到了口诊所的营业执照（中外合资的口腔门诊部）。之后他经过两年的市场探索、技术取经、精心准备，于1997年初正式开业。

第三节　自己的第一家口腔诊所

（1997年，天津爱齿口腔医疗中心开业现场）

（1997年，各级领导参观刚成立的爱齿口腔门诊部）

法国作家莫里哀说："磨难是一位伟大的导师。"就像冬天里的松树、梅花一样，它们的生命是充实的、旺盛的，同时也是异彩的、绚烂的，因为苦难不仅是苦难，它同时还孕育着希望和崛起，孕育着创造和升华。磨难是沙漠中开出的花，是一种另类的美好，经历磨难，方能到达梦想的彼岸。

每一次经历都是一笔财富，无论这磨难的经历是快乐的还是悲伤的，它都是我们生命中不可或缺的风景。

1997年，经历了两年多的曲折和等待，郭平川与他的朋友苏嘉俊先生合资成立了"爱齿口腔门诊部"。毫无疑问，它是郭平川心血的结晶，是郭平川勇敢迈出挫折、走向新行程的里程碑。"我们是95年开始筹备，96年拿到了卫生部和天津市外经贸委的批文，天津市卫生局直接给我们发的营业执照。97年正式开业，为这一天，我整整等了两年。"

开业的那天，郭平川喜极而泣，其中的委屈、辛酸只有他知道。两年来的奔走、求助……终于熬到了风雨过后的彩虹。

"能拿到这个执照，真的非常感谢我们天津市卫生局的领导，特别是河西卫生局的王金炳副局长。是他帮我联系的相关部门，才让我们的申请顺利通过。也是那个时候，我才知道之前我想自己做口腔时执照批不下来的原因。我的一位老领导同时也是我非常好的一位朋友，他是一直看着我成长起来的，更是给了我很多帮助。当时他是市委副书记，他不赞同我辞职下海，一直劝说我回公立医院体系。他给河西区相关部门下了命令，谁都不能给我颁这个执照。"后来郭平川去拜访了这位老领导，并向他诚恳地道出了自己的想法：做一个自己的口腔品牌，一直是他的梦想和初心。

在天津市卫生局局医政处的帮助下，郭平川和国家卫生部医政司取得了联系，争取到了一个批文。最终由卫生部专门下发了红头文件。天津市政府对此次口腔企业的建立颇为重视，也是在为其他医疗机构的改革做试点，所以进行了严谨缜密的审批。"1996年初获批的，1996年底正式给我们颁发行医执照。"

1997年4月，对于郭平川来说终生难忘。"我们的诊所终于正式开业了。也是我下海漂泊以来真正回归了正轨，回到我此生挚爱的行业。当时很多市领导，包括天津市人大常委会副主任石坚和天津市政协副主席等市领导，天津市口腔医院原院长吴廷春，天津医科大学的创始人史书俊院长，以及河西区区委书记夏宝龙（现任全国政协副主席兼港澳办主任）等多位领导，都出席了我们的开业仪式。所以我们爱齿的起步和起点是非常高的。"

爱齿口腔作为天津乃至全国也是为数不多的中外合资口腔，郭平川兢兢业业、呕心沥血地把它从一家门诊逐步扩大成今天的规模，经历了许多常人所没有经历过的艰难。所有人的成功路总是伴有辛酸和孤独，每一个努力奋斗的人，都值得尊敬！

"我们诊所刚开业的时候有九台手术椅，总投资差不多二十万美金。当时我的台湾合伙人苏嘉俊是设备入股，我和另一位朋友出资入股。后来那位朋友的企业经营出了点状况需要退股，我们就把他的股份买了下来。"

当时对于郭平川来说，一切都是未知数，诊所开业的前半年一直处于亏损状态。那时，苏嘉俊有医疗设备方面的资源，于是他们商议后成立了一家销售医疗设备的公司，并且配备了一个有五六个人的销售团队。没想到公司经营了一段时间后，不但没有盈利，反倒赔了几十万，于是两人当机立断放弃了这部分业务，把精力放在专心经营诊所上。"其实熬过了那段过渡期后，总体来讲公司经营得还算不错。虽然也走了一点小弯路，但在没有造成更大亏损时，我们就及时止损了，也还好。"

那时在天津，爱齿口腔的医疗理念与经营模式是首屈一指的。九十年代的国内医院，包括口腔门诊大多数还没有注重病人隐私性、舒适度的服务意识，这一点，爱齿口腔又走在了时代前列。诊所不仅增加了单间诊室，加强了病人的隐私性，而且营造了高雅、温馨、舒适的就医环境，让患者身心放松，解除了紧张情绪。更让天津百姓深切感受到了他们热情和用心的服务。此外，一般医院的医生相较来说稍显严肃，但爱齿的工作人员都是微笑待人，病人及家属不仅候诊时有座位，还有专人倒茶送水。医生在治疗过程中都是使用安全性较高的一次性医用手套、一次性口杯，以及进口麻药、进口注射器、针等无痛治疗用具。要知道，一次性用品在当时的天津还是首次出现在口腔诊疗中。爱齿口腔凭借医生高超的技术，以及工作人员亲切、和蔼、热情的服务态度，让爱齿口腔在津门老百姓口中不胫而走，声名大噪。

"那时国家还没有实行医保，所以来我们诊所就诊的人特别多。早晨上班一推门，就能看到满满一屋子的人，盛况空前。就连办公室里都坐满了等候就医的病人。那段时期称得上是爱齿的一段辉煌的巅峰时期，我们不用担心没有病人，我们的病人都看不完。"

天津郊区塘沽，居民日常饮用水中氟含量较高，所以居住在那里的居民基本上都有氟斑牙。氟斑牙是一种慢性中毒的牙齿疾病，治疗方法包括磨除、酸蚀涂层法等。严重的情况下，医生需要把问题牙齿磨掉一圈，然后才能做全瓷冠。爱齿口腔一个月得磨好几百颗这类牙齿，坐诊医生磨到夜里十二点都是常态。即便如此辛苦，但爱齿口腔的复诊率一直都很低，这是因为爱齿口腔的医生们会想尽一切办法减少病人来回看诊的次数。比如根管治疗，他们会严谨治疗的同时想方设法地缩短治疗周期；遇到需要做烤瓷冠的情况会尽量给病人做一个更加美观的临时冠。那时，爱齿在医疗设备方面比公立医院先进很多，收费也比公立医院略高一点。当时，公立医院挂号费是一块钱，而爱齿诊所的挂号费已经是十块钱了。但爱齿的服务和品质造就了良好的口碑，当时有些消费能力的人基本都会选择来爱齿看牙，感觉在爱齿看一次牙，就像拥有了一件奢侈品。就这样口口相传，来爱齿看牙的人越来越多。

爱齿的生意异常火爆，那时病人预约看牙都排要到三个月之后，这还不包括各种渠道推荐过来的病人。郭平川和其他医生基本上每天都要工作十二个小时，即使这样，每天打来预约就诊的电话依然此起彼伏……那一年，郭平川四十岁，在他的不惑之年，他一直以来憧憬和期待的民营口腔梦终于圆满地变成了现实。

在旁人看来，当时的郭平川真可谓"昔日龌龊不足夸，今朝放荡思无涯。春风得意马蹄疾，一日看尽长安花"。就连郭平川自己也感觉走路生风，浑身上下充满了力量。

郭平川的第一家私人医院包括他在内只有八位医生，营业面积当时有三百平方米，后来他们把旁边的商铺也租下来扩大了营业面积。在经营期间，他们结识了一位丹麦医生，她带来的医疗理念与诊疗技术给了郭平川

（1998年，与美籍医生、丹麦医生成立爱齿口腔国际部开业仪式合影）

极大的启发，几经交流探讨过后，郭平川一鼓作气，决定在爱齿口腔成立一个国际部，由丹麦医生主要负责。国际部诊室的装修采用时尚简约的北欧风格，简洁的空间，流畅的线条，大面的留白。推开门安静、轻松的舒适感扑面而来，仿佛置身另一个浪漫国度，让人身心愉悦。

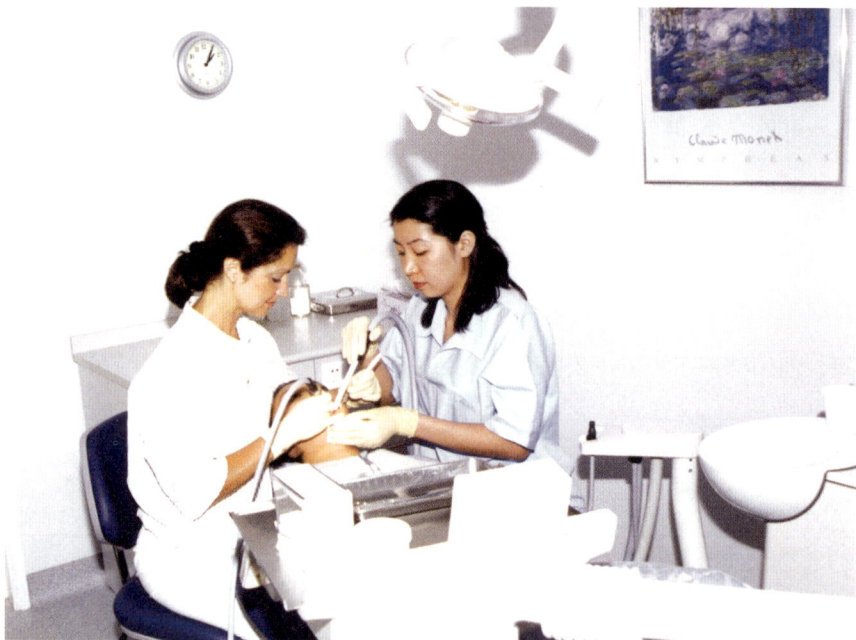

（1998年，伊丽莎白博士在爱齿口腔的工作照）

提起这位丹麦医生，郭平川毫不吝惜赞美之语，"来自丹麦的伊丽莎白医生，人不仅聪慧漂亮，而且种植技术也是一流的。她是丹麦很正统的牙科医生，她加入爱齿后，帮助我们在1998年就率先引入实施了'四手操作'技术，引入各类树脂补牙、根管治疗的先进手法、材料及工具，更是帮助我们引进了中央抽吸系统。当时这个系统属于国际顶尖技术，我们的引进开创了中国口腔史上的先河！过去口腔医院都要把病人的牙神经杀死或者抽掉后，才能进行磨烤镶牙，也没有打麻药的程序，因为当时国产麻药效果不好，极容易产生不良反应。而我们的治疗是在无痛的情况下进行的，选用副作用较小的进口麻药，让病人减少疼痛感。同时，我们还在治疗过程中保留活髓，使得疗程大大缩短且效果更好。"

在爱齿口腔的患者中，外籍患者占比高达30%，他们之中有一部分是外国友人，还有一部分是从国外回来的华侨，国际部服务的对象大多是这类人群。郭平川向来比较重视医疗方面的学习，希望以此提供专业、个性化的服务，给病人带来国际化水平的治疗体验，也让外籍友人感受到如在自己国家一样的优质诊疗服务。

郭平川的爱齿口腔诊所开业之后，业绩一直很可观。"诊所开业后，我抓住了天津市相对保守和技术落后的缺点，采取了几大举措：一是给病人镶牙全部做固定的。因为我会种植，游离端我种植，其他我就磨烤瓷牙；二是诊所的器材设备选用国际上最先进的，聘用医生的水准也是当时国际一线水平的。我们的医生都是持有国际行医执照的著名专家，例如有来自美国的华人医生、丹麦医生等。那段时间，诊所的业绩一直成倍地增长。"

无论你在哪个时代，未来都要掌控在你的手中。制定自己的人生目标，不受世俗制约，精彩也罢，平庸也好，一切都由自己来定。经年之后，千帆过尽，遇事也就波澜不惊了！

按照自己的想法，郭平川最初的计划是把爱齿口腔门诊逐渐扩建成一家专科口腔医院，但他的合伙人苏嘉俊不建议他这样做，应该要做成连锁店的运营模式。苏嘉俊游历过许多国家，知道许多国外知名口腔品牌采用的都是这种运营模式。其后苏嘉俊给郭平川详细讲解了品牌连锁的经营模式，好学、开明的郭平川听后颇为受用，他不再是之前那个愣头青小伙了，他在一番调查、思考、权衡过后，下定决心听从苏嘉俊的建议。此时的郭平川愈加成熟稳重，他把所有的精力集中放在发展自己的事业当中。

（于河北爱馨口腔门诊部第一个分院开业仪式现场致辞）

　　郭平川信心满满地开始筹备第二家诊所。当时正巧河北区区长到爱齿口腔看牙，闲聊中听说郭平川计划拓展品牌连锁，便极力邀请他们去河北区，而且当即就给出了诸多优惠政策，其他区的区长也纷纷向郭平川抛出橄榄枝。面对各区领导们的热情邀请，郭平川并没有沾沾自喜，相反却比较慎重。毕竟他没有连锁经营的经验，这种运营模式虽然在国外已经成熟，但在国内是否可行呢？此时他又不禁在心里打了个问号。

　　经过反复地考察和论证，在第一家门诊成立后的两年，郭平川在河北区开了第二家门诊，然后又在开发区开了第三家门诊。每家口腔门诊都是合伙经营的模式，合伙人制就是开始前两年大家一起挣钱还本，本钱还完了之后大家再分利润。"河北区第二家门诊可谓是高歌猛进，这家门诊共投资了两百万元，两年就回本，第三年就逐步盈利了。"当这家门诊开到第四年时，合伙人根据当时的利润对分配提出了意见，郭平川经过深思熟虑后，把这家门诊的控股权转让给了合伙人，自己依然保留了10%的股份。

　　"只要在天津，如果你想去爱齿口腔，任何一辆出租车都能将你准确无误地送达。"郭平川自豪地说出此番话。多年来，郭平川用实际行动诠释了初心和使命，让"爱齿口腔"这块金字招牌深入人心。

　　郭平川从学医至今，在口腔这个行业已经工作了快五十年。五十年来他一直在这个领域辛勤地耕耘着，几乎见证了中国口腔医疗发展的整个历程……

　　如今，郭平川还任职中华口腔医学会的理事一职，他表示有卸任的计划，要把机会让给更多的年轻人。

　　作为当初下海的弄潮儿，郭平川一直坚守自己的初衷，如今虽已年过六旬，但他依然坚守在一线。"我热爱我的专业，也喜欢给病人看病，病人们也很依赖我，这种信任让我感到非常满足。"

　　郭平川不仅是一名牙医，一名民营口腔连锁机构的管理者，更是中国民营口腔的先行者和捍卫者！

第四章
> 天津口腔种植最早的专家之一 <

学习是一生的修行。

——郭平川

学习是每个人一生都必须坚持的修行，唯有拥有富足的内心世界，充足的知识储备，才有魄力去征服世界。郭平川自知学历不高，所以一辈子都在抓住各种机会学习，以提升自己。

1987年，郭平川参加了华西医科大学口腔医学院在深圳举办的首届"口腔种植生物材料学习班"，成为国内最早一批参加种植培训的口腔医师；1991年他种植了第一颗种植体，这是他职业生涯第一次做种植；1994年以后，他以叶状种植体为主，用的是进口叶状种植体；2000年以后，他全面停止叶状种植体，转而吸收更为先进的北京大学口腔医学院林野教授推荐的德国种植系统。后来，郭平川又通过多次出国学习和不断钻研，成为国内最早一批口腔种植的专家之一。

可谓是种耐心之树，结黄金之果，涓滴之水终可以磨损大石，不是由于它力量强大，而是由于日夜不停的滴坠。

经过二十余年的不懈努力，目前，爱齿口腔已经在天津市发展为五家连锁型口腔门诊部，而最早成立的旗舰店——河西爱齿口腔门诊部也于2004年通过了ISO 9000质量标准认证。在郭平川眼里，爱齿就如同他的孩

（与欧洲原口腔种植学会的主席Spiekermann教授合影）

（和All-on-4的发明人马龙博士合影）

子，让他引以为傲，为之倾其所有，也陪伴他一路成长。2017年，郭平川带着爱齿加入了美维体系，成为其事业的合伙人，不仅拓宽了视野、更新了理念，也开启了新的人生征程。

多年来郭平川脚踏实地，从朝气蓬勃的青年到两鬓斑白的老者，他一直在口腔种植领域里不断深耕、淬炼，无怨无悔地奉献着，为我国民营口腔医疗机构和口腔医疗服务的发展积累了丰富的经验。他还将积累半生的口腔种植经验及技术毫无保留地分享给了他的同行们，对我国口腔行业的规范化发展起到了积极的推动作用。

第一节　回望中国口腔种植发展史

中国口腔种植领域的发展深受国际口腔种植技术和国内外政治环境的影响，由于其对我国卫生健康事业的发展具有举足轻重的影响，所以历来不乏学者探究。其中尤以张兴栋和杨小乐的学术作品《中国口腔种植的40年》论述细腻深刻。另外，作为国内较早开始口腔种植的专家之一，郭平川见证了我国口腔种植从开始到不断壮大的发展历程。

下面我们将结合两者视角，共同回望一下中国口腔种植的发展历程。

中国口腔种植大致经过了以下几个阶段：1990～1995年，野蛮生长阶段，这个时期我国口腔医生没有经过正规培训，种植比较混乱；1996～2005年，推广阶段，我国口腔医学水平开始逐步提高，逐步正规；2005～2010年，持续上升阶段，此时我国口腔种植已初步获得大众认可，稳扎稳打地发展；有了前面二十多年的不断积累，中国口腔种植终于在2011年后迎来了快速发展阶段，截止到2021年，我国的种植体约超过了四百万颗。

国际口腔种植学的发展历程

现代的口腔种植学始于福尔米吉尼（Formiggini），他以钽丝锥形体植入口腔颌骨内，进行义齿种植而出名。目前，许多文献中将其誉为现代口腔种植学的奠基人。

上世纪五十年代中期，瑞典科学家Branemark在实验的基础上证实金属钛植入动物骨组织能够同骨紧密结合，后来他将这种结合命名为骨性结合（Osseointegration），指的是植入体表面与骨之间无纤维结缔组织层的直接紧密接触。六十年代中期，他将第一个金属钛植入口腔，成功为无牙颌患者进行了修复。之后Branemark教授进行了大量试验，并制定了一套标准化的修复手术操作程序。随后十余年，他一直在做病患的追踪研究，并于1982年的加拿大多伦多会议上，报告了长达十五年的无牙颌患者的钛骨结合种植体研究，其间展示了大量真实的病例资料，这些病患的恢复程度表明Branemark教授提出的修复手术具备较高的长期临床成功率。这些成就轰动了当时的口腔医学界，并为口腔医学的一个新的分支学科——口腔种植学奠定了基础。骨结合（Osseointegration）成为口腔种植发展史的一个具有里程碑意义的经典理论。

骨结合理论和技术的建立，促进了临床牙种植修复技术飞速发展：骨结合种植技术经历了从无牙颌修复扩展到牙列缺损修复的发展历程，技术人员也在不断开发与此配套的植入工具和辅助器械；1986年Albertsson所制定的植入成功率标准——上颌80％，下颌85％早已突破；进行规范化的牙种植操作，种植牙使用十年的成功率已达95％以上；牙种植体已成为牙缺失修复的常规手段，2017年全球牙种植体及假牙市场已达89.8亿美元。

此外，口腔种植学还有一位我们不应忘记的美国学者林科（Linkow）。他最大的贡献是与多位美国学者在1967年共同开发了一种新型种植体——骨内叶状种植体。由于有的学者将叶状种植体归纳为"骨纤维结合"理论，提出种植体也应该是有模拟牙周膜间隙状态的生理动度，因此这一叶状种植体曾大受追捧，但由于后续的临床应用发现这种"理想"的模拟与正常的牙周间隙在组织学结构上存在本质区别，因此该技术至2000年左右逐渐被市场淘汰。

中国口腔种植的四十年探索与成长

口腔种植学毫无疑问是二十世纪口腔医学最重要的高科技成果之一。中国口腔种植学搭上时代的快车，"因改革开放而生，因改革开放而兴"。郭平川亲历并见证了中国口腔种植学的起步，并通过对交叉学科的口腔种植研究，不断进行科技创新，成为引领中国口腔种植学技术进步发展的专家之一。

中国口腔种植的诞生

中国口腔种植起步于上世纪七十年代末，当时华西口腔医学院陈安玉教授率先提出了研究人工种植牙设想，并于1983年付诸行动，启动了中国口腔种植研究。紧接着陈安玉教授课题组联合了原四川大学张兴栋科研组，开展了交叉学科的口腔种植研究。陈安玉、张兴栋科研组有着严谨的实验设计和应用规划：第一，利用系统的体内化实验测量了金属、合金高分子、生物惰性和生物活性陶瓷等各种口腔植入材料的生物相容性；第二，将重点放在了羟基磷灰石陶瓷和金属钛材料的开发，研发出了羟基磷灰石粉体颗粒和块状陶瓷用于牙槽嵴增高、牙周骨缺损腔填充及拔牙后牙槽窝填充以防牙槽骨吸收，并取得了良好疗效；第三，于1994年向国家药监局申请证产品注册证，实现扩大批量生产和临床应用。

中国口腔种植的低迷

九十年代后期，我国经济的快速发展催生了人民群众对口腔健康的更高要求，于是，来自欧洲的多个牙种植体系先后进入我国医疗市场，各大口腔医学院校都建立了口腔种植中心。

1991年10月7日，经卫生部批准成立的"卫生部口腔种植科技中心"，正式推出叶状及螺旋状针状种植体。1991~1994年，中国刮起了一股口腔种植热潮，一时间，全国至少有二十余种种植体"上市"，但由于没有标准管理措施，导致种植失败率很高，口腔种植的声誉受到严重损失，中国口腔种植进入最黑暗的低迷期。

在政府机构、高校科研所、民间团体共同努力下，中国口腔种植并未经太久的低迷期便再次迎来起飞。1993年，华西医科大学建立了国内首家牙种植专科医院——华西牙种植医院。

1995年，华西口腔医学院设立了国内第一家口腔种植教研室。

1995年的"珠海会议"上，由华西医科大学、北京医科大学和上海第二医科大学的六名专家筹建"中华口腔医学会口腔种植协作组"，刘宝林教授任组长，并得到学会批准正式成立。

1995年，张震康教授聘请林野教授来北大口腔工作。林野教授率先组建了由颌面外科、口腔修复科、牙周科医师和技工室组成的"口腔种植科"，并率先在国内开展了上颌窦提升技术（即刻种植与修复技术）、功能性颌骨重建技术、种植软组织修复技术、颌骨牵引成骨技术、切削杆技术、金沉积技术、全瓷冠、CAD/CAM等修复技术。国内几家大型专科医院也纷纷效仿开始成立"口腔种植科"。

2002年10月第三届全国口腔种植学术会议上，中华口腔种植专业委员会成立，王兴教授任主任委员。

2020年，华西卫生部口腔种植科技中心创办的《中国口腔种植学杂志》学术期刊，转交给了中华口腔医学会负责编辑出版，为我国口腔种植的人才培养和学术交流奠定了基础。郭平川任期刊的编委。

近些年来，国内外的信息交流愈加频繁，越来越多的外文口腔种植学专著翻译成了中文出版，国内也有更多的口腔医师出国参加国际高水平的学术会议。人才培养方面，随着口腔种植由一项缺牙修复的特殊手段发展成为成熟的临床常规技术，口腔种植也从一项多学科交叉的临床技术发展成为口腔医学新兴分支学科，国内各大口腔医学院校也成立了口腔种植学专业学科。

口腔种植技术的普及效果著，目前口腔种植已成为我国口腔医院的常规门诊手术，口腔种植的医师已经从专业种植医师中扩展到了一般的口腔

医师。根据产业信息网报道，2020年中国口腔服务行业种植牙齿的数量有
望突破三百万颗，正畸有望突破二百六十万例，民营医院有望成为推动口
腔医疗服务市场增长的主要动力。

中国口腔种植现存的问题

我国口腔种植存在的最大问题之一，是临床使用的九成以上的牙种
植体均源于进口，其价格居高不下。其原因：一是品质问题，国产产品
加工工艺等有待进一步提高；二是品牌问题，部分消费人群盲目迷信进口
产品。

据统计，2019年的口腔市场上，约70%的民营口腔种植医师都采用韩
国或国产种植体。有些韩国品牌种植体已经接近国际水准，但是许多韩国
厂家举办的学习班往往不尽如人意。他们把种植说得好像在墙上用胀管打
螺丝一样简单，而且夸大宣传，号称他们的种植体在即刻种植、即刻修复
方面的成功率在99%以上，只讲基础的方法，忽略各种技术的关键点，并
且不讲原理。这对很多中国民营口腔医师专业能力的提升造成了较为严重
的影响。"我曾在2014年广东华南展上就'民营口腔如何开展口腔种植的
风险防范'这个话题，向业界同行介绍了一些经验。我认为，我们开展种
植不是只追求两三年内的成功，而是拿出和总结十年以上的病例，来探讨
种植存在的风险以及如何去防范风险"。

中国口腔种植的未来

郭平川高度赞同张兴栋和杨小东的想法，认为中国口腔种植行业的出

路要从国家的医疗器械产业发展战略的高度出发，一是要加强国产牙种植体产品的技术研究，大力推进研究成果的产业化，转化研究成果，提高牙种植体及配套器械的加工质量，发展多元化的口腔植入产品的大型企业，提高产品的市场竞争力；二是要促进生产企业与临床医院紧密结合，鼓励临床医院使用国产产品，为国产产品的应用开辟通道；三是要加强前沿基础及技术研究，如植入体和牙冠的3D打印快速成型技术，植入体表面改性技术，微创导向种植牙功能整合技术，以及牙再生的基础研究等，摆脱口腔种植基础及临床应用跟踪和仿制的局面。

第二节　中国民营口腔的热潮

近几年中国刮起了民营口腔的热潮，大城市中私人牙科诊所遍布大街小巷，诊所规模、诊治收费、医师资质等标准都大不相同。由于不了解这些内情，患者在就医时很难做出选择。牙科是医疗行业中市场化程度较高的行业。除了政府部门要加强监管，郭平川也向政府主管部门提出了"开设牙科诊所要实行注册制并制定标准"的建议，比如医生准入和相关医疗设备的使用要有完整的规章制度，加强执法，对于不合格的牙科诊所要限期整改。

目前，民营口腔诊所主要分为两大类：非品牌个体诊所和口腔品牌连锁。非品牌个体诊所通常是指有经验的公立医院牙科医生在取得《口腔医师执业证》和《医疗机构执业许可证》后，具备了独立诊疗资格所开设的诊所。当前，市面上大部分都是这类私人诊所。不可否认的是，不少私人诊所存在资质不健全，医生执业水平参差不齐，在技术和服务质量方面都没有统一的标准规范等问题。此外，牙科诊所前期投入比较大，比如一把正规牙椅的价格就高达数十万元，而个体经营实力毕竟有限，为了盈利，常常在口腔耗材、器械设备等方面"做手脚"，消毒不过关、以次充好的情况时有发生。目前，最为患者所诟病的便是这类私人诊所。

2000年左右，口腔医疗品牌连锁在国内兴起。口腔医疗连锁开展口腔内科、口腔外科、口腔修复、口腔正畸等业务，通过专业连锁的方式快速复制。连锁经营中的原材料采购优势、品牌效应及后台资源共享、广告费用均摊等因素，推动口腔连锁医疗机构实现可复制、可持续发展。通过连锁经营，口腔诊所有了统一的标准和规范，医生资源和医疗器械的质量相对更有保障。但是，因为提供了较好的服务和体验，品牌连锁的价格也往往比公立医院和私人诊所高了很多。

2010年后，口腔医疗连锁得到了资本的热捧。据不完全统计，2014年1月至2017年9月，口腔医疗行业共发生千万元及以上的融资十五起，其中2017年共有五起，且融资金额均在五千万元及以上。在资本的推动下，大型连锁品牌纷纷布局二三线城市，抢夺市场和人才。

目前，对民营牙科诊所的不信任，成了横在消费者心中最大的坎。初始阶段风起云涌，扩张阶段百舸争流，很多民营牙科诊所舍弃发展初心、急功近利走捷径，给原本光明的行业前景蒙上了一层阴霾。

第三节　对民营种植的探索

由于民众消费观念的转变和政策对民营口腔的发展支持，民营口腔医院如雨后春笋般地出现，市场一时间涌入众多资本。但是市场规模不断扩大的同时，行业乱象也逐渐显现出来。

目前中国民营口腔医院、门诊部、诊所开展口腔种植的数量每年都在快速增加，对于民营口腔种植领域"过热"和"粗制滥造"等现象，郭平川非常担心。

"我曾接过两个从其他诊所转过来的种植患者，一名患者使用国际一线品牌种植的五颗种植体，但在一个月内全部脱落，并造成严重的骨缺损。另外一名患者，种植七颗掉了六颗，上颌窦被戳穿，下齿槽神经受损伤，万幸的是没有造成终生麻木。这两个患者种植牙的失败，很大程度上是由于操作医生的技术不过关。"对于病人遭受的痛苦，郭平川感到痛在自己身上。每次他都竭尽所能，减轻患者的痛苦，避免再次的伤害。一个，两个，三个……这样的患者多了，郭平川意识到：这个行业病了，病因在哪呢？

作为天津市口腔二类技术的评审员，郭平川曾去一家医院进行评审。"医师公开介绍他们不用全景X光机照相，也不用种植专用手机，只用口腔综合治疗台上的手机就可以种植，而且使用的是没有注册过的种植体。这家医院，我第一时间就取消了他们的评审资格。"严格规范准入资格和治疗标准，这便是他开的药。

人工智能数字化种植时代

2015年，郭平川与天津彩立方合作了数字化导板技术，爱齿口腔由此便成为了在国内比较早开始做数字化导板技术的口腔诊所。IDC统计数据显示，到2025年人工智能应用市场总值将达到1270亿美元，其中医疗行业将占市场规模的五分之一。借助AI技术的快速发展及AI赋能医疗的趋势，人工智能将改变现有的口腔医疗模式，为口腔医学的进一步发展引导新的方向。

数字化时代的深刻变革，促使人们的生活和思维方式都产生了巨大的改变，数字化医疗已经渗透到牙科领域，顺应时代的发展种植科室已进入全面数字化时代。不少口腔数字化种植中心相继成立，它们将借助数字化种植技术，为患者带来微创、精准、快捷、安全的舒适种植体验。

人工智能数字化种植是融口内数字化扫描、电脑数字化设计、3D数码打印、数字化种牙导板、术前预知种牙效果、即刻种牙即刻恢复等为一体的一站式尖端数字化种牙中心。

毫无疑问，人工智能数字化种植技术已然成为种植医生的一大助力。与常规种植牙手术方法相比，使用该技术的医生无需反复进行切开、翻瓣、缝合的操作，大大节省了手术时间，且手术产生的创口面极小，有效提高了术后恢复速度，极大降低了患者的痛苦及不适感。不仅如此，该技术还可以实现精准定位，提高手术精准度，尤其适合应用于半口全口缺失牙和复杂病例的种植中，已为众多疑难缺牙患者带来了福音。

第四节　撰写《口腔种植规范》

口腔种植行业在大众不断增加的需求中日益壮大，其在发展过程中暴露出的问题已到了亟需解决的地步，包括郭平川在内的众多专家愈加关注这一事态发展。

2005年，卫生部委托中华口腔医学会进行口腔种植规范的编写，源于早些年行业兴起时的仿制种植体历史遗留问题，加之千禧年后国外技术的输入冲击，因此行业内许多系统行为缺乏规范性。"2007年，中华口腔医学会受原卫生部的委托，要求中华口腔医学会口腔种植专委会编写《口腔种植规范》，我也有幸一起参与了此项工作。"《口腔种植规范》的编写工作由北大的林野院长组织并主导，当时主要以学院派领导为主，民营口腔相对较复杂，因此极需一个行业领军人物来规范大家的行为准则。

"2014年4月，国家卫生计生委正式颁发《口腔种植技术管理规范》，该规范是口腔种植最低的门槛，特别强调人员、种植技术及医疗设施环境的准入资格。在此，我再次想建议有意发展种植技术的民营口腔医师，要努力提高学习能力，要有科学的态度，使我们的民营口腔种植事业规范、有序、健康地发展。"

作为国际多个种植系统的种植专家，郭平川被多次邀请参加欧洲种植学术会议及各种研讨交流，发表口腔种植论文十多篇。2006年，《口腔种植修复技术在无牙颌患者中的应用》《即刻种植与即刻修复在口腔临床上的应用》为天津市卫生系统引进技术项目填补了空白。此外，郭平川还曾与第四军医大学李刚博士合著《口腔医疗质量管理》一书由人民卫生出版社出版。

郭平川自九十年代初期开始从事口腔种植，是天津市最早开展口腔种植的医生，也是中国第一批从事口腔种植、首位实行半口种植技术的口腔医生。郭平川推出的"无牙颌种植在口腔临床的应用""即刻拔牙即刻种植即刻修复""环状植骨技术用于前牙区"等理论和技术填补了天津市卫生系统技术的空白，为天津民营口腔种植的发展作出了巨大贡献。

口腔种植技术被规范为二类技术、限制性技术，一直被反复研究推广。因此，对口腔诊所也提出了更高要求，包括环境设置要求、设备设置要求以及人员培训要求等。

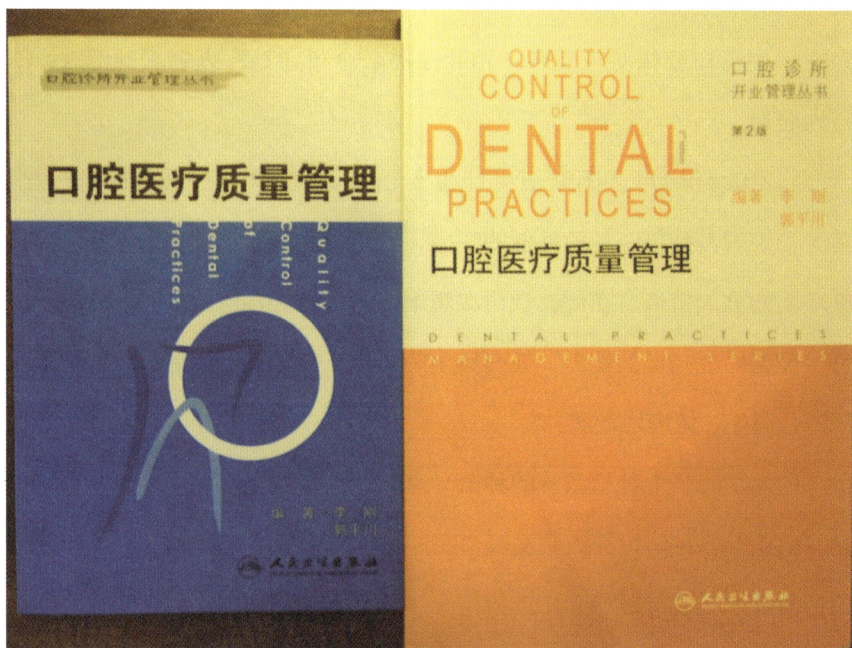

（与第四军医大学李刚博士合著作品）

　　郭平川每年都要出国去欧洲交流学习两次，爱齿口腔的医生每年也要参加教育培训学习。在他看来，"医生是一个需要终身学习的职业，专科医生要对其他学科有所涉猎，全科医生要有一门专精的学科，不断地更新知识储备，不断地提升操作技术，这样才能为病患提供更好的看诊服务。"

　　"学习是一辈子的事情，尤其是医疗工作者。"郭平川是这么说的，更是这么做的。他一直在学习的路上，正是他坚持不懈的这种学习态度和精神，使他成为这一行业的领军人物。

第五章

> 生命中重要的人 <

感恩我生命中所有的遇见。

——郭平川

　　每个人心里，都住着这么一个人，他遥远地守望着我们。这个遥远的人支撑了青春里最重要、最灿烂的那些日子。以至于让以后的我们想起来，都是暖暖的回忆。

　　当你在事业上遇到默契的伙伴，就如同遇到了灵魂伴侣。你们合作互补，彼此搀扶，必将事半功倍。遇到困难时，可以互相给予鼓励和支持，互为动力，同甘共苦，共渡难关；在你们一帆风顺得意洋洋时，可以互相提醒，戒骄戒躁，再接再厉。在郭平川的事业发展之路上就出现了三位重要人物：一位是他开创事业的奠基者——台湾友人苏嘉俊，一位是他事业的助力者——丹麦医生伊丽莎白，还有一位是他的良师益友——北京大学口腔医学院林野教授。

　　友情悄无声息地陪你度过每一个难熬的日日夜夜。在你干涩时，它适时地浸润你的心灵；在你混沌时，它悄然开启你内心那片晴空。

　　待到垂暮之年，我们走到了生命的终点，灵魂即将烟消云散，记忆的花瓣纷纷落下，有哪些还值得我们轻轻拾起再看一眼的呢？不是曾经的财富也不是往日的辉煌，而是挚友彼此相遇相知的感动，是与知己前行时的温暖……

第一节　来自台湾的合作伙伴

　　苏嘉俊，是郭平川的至交好友，也是爱齿口腔创始人之一。可以说没有苏嘉俊就没有爱齿口腔，没有苏嘉俊的加入爱齿也成为不了当时国内第一家中外合资的口腔门诊部。截至目前，爱齿口腔也是唯一一家经过卫生部批准的中外合资的口腔门诊部。

（与苏嘉俊合影）

　　郭平川交友广泛，他与苏嘉俊相识于1991年，是郭平川通过新加坡的朋友沈一光医生给引荐的。初始时苏嘉俊已是事业有成，他当时是整个台湾地区最早做种植的牙科医师，在台北市有一家私人口腔诊所。苏嘉俊比郭平川年长十岁，今年七十六岁。三人引荐相识的往事不失为一段佳话。

1990年，郭平川所在的河西口腔医院与华西口腔医科大学合作办三产——生产配套种植机。来自新加坡的种植专家沈一光通过医科大学的朋友找到了郭平川，与他成功合作举办了一场口腔业内人士的"推广口腔种植技术"的课堂。在当时，很少有学者、医生能直接接触到国外的资料现在有国外一流的专家来开讲座、讲经验，这个讲座自然受到业内人士的热烈欢迎。

沈一光不仅给郭平川带来了最新的国际口腔知识，刷新了郭平川对国际口腔种植最新趋势的认知，还给他介绍了一位行业大咖级别的人物——台湾口腔专家苏嘉俊。当时苏嘉俊任国际口腔种植牙医师协会（ICOI）亚太区的理事长。后来郭平川在天津给沈一光和苏嘉俊共同举办了一个学习班。

不久，苏嘉俊受邀来到天津讲课。与苏嘉俊的接触，为郭平川打开了另一片视野，让他豁然开朗，隐约间他似乎看到了一抹希望的曙光。从苏嘉俊那里了解了前所未闻的新知识及理念，让郭平川产生了一种莫名的冲动和热情，就像遇到了爱情一样。

于是1991年至1992年，在郭平川积极推动下，三人与国家人事部的科技司共同举办了一个种植技术学习班，地点就设在天津，由苏嘉俊作主讲嘉宾。当时包括山西、山东、北京、天津、四川等地区的很多业内人士，以及一些对种植感兴趣的同行都受邀前来参加。

在多次讲学和交流中，郭平川和性格温和、沉稳谦逊的苏嘉俊很快就熟悉起来，相同的理想和追求，促使两人成为挚交好友。"我完全被他带来的技术震撼到了，像发现新大陆一般惊喜不已！比如说种植一个全口，他能做到即刻种植、即刻修复，而且收费非常高，一个病人就可以收到四十万元，要知道，当时我们整个河西口腔一年也做不到百万。"谈到这里，即使相隔数十年，郭平川仍难掩激动。

苏嘉俊带来的技术对于郭平川来说都非常新颖，第一次接触到这些国际的知识理论，郭平川感觉很新鲜，很振奋，像注射了兴奋剂一样让郭平川处于一种兴奋状态中，工作起来也特别积极。

苏嘉俊有种植技术，郭平川有人脉。在郭平川的引荐下，苏嘉俊结识了很多国内的专家和教授，很快便在国内口腔圈打造了很好的影响力，圈内的老人都亲切地称呼他苏博士。

时至今日，当郭平川回忆往昔时，仍不忘感慨当年好友的影响。"我决心下海与受苏嘉俊的影响有很大的关系。像我这样学历不高的人，如果在公立医院一心走仕途最终一定会被学院派的后来者所替代。而且我们医院这种小型单位将来也会被历史淘汰，即使继续存在也没有太大的发展空间，倒不如去开家私人诊所，做个私人牙医。苏嘉俊告诉我在国外牙医、律师都是最有社会地位、最有前途的职业。"

1992年底，郭平川毅然选择了下海，并递交了辞呈。"我把所有东西都交了出去，辞去了院长和政协委员等职务，而且堵住了后路，不办任何停薪留职，坚决辞职。因此我和我的老领导也闹得不欢而散。"

1995年，苏嘉俊在得知郭平川因巨额发票坐牢的遭遇后，唏嘘不已。他认为一位如此优秀的牙科医生不该落得如此田地。当下，苏嘉俊便找到郭平川，真诚地向他建议合作成立一家私人口腔诊所。郭平川毫不犹豫地答应了。这个消息对于郭平川来说无疑是雪中送炭，让他欢欣雀跃激动不已。于是，两人一拍即合，开始筹办牙科诊所。然而一切并没有他们想象中那么容易，由于苏嘉俊是台湾同胞，合办诊所属于中外合资企业，要经过很多烦琐的审批程序，这比他自己开个小诊所困难和复杂得多。即便如此，也并未动摇他们合开诊所的决心。

好事多磨，1997年4月郭平川的诊所正式开业，当时很多市领导以及河西区的领导都出席了开业仪式。"天津市学术地位最高的吴廷春院长、天津医科大学的创始人史书俊院长也都出席了开业典礼。真的非常感谢他们一路以来对我的包容和支持。"此刻抬头远眺的郭平川，眼神中依然流露出感激之情。

"这是我人生的一个新起点，算是起死回生的重要一步，之后我基本上就算顺风顺水啦！"从此，郭平川的人生可谓是一路"开挂"！

得到了苏嘉俊这个合伙人的支持，郭平川拥有了一家当时国内还很少的私人诊所。1996~1997年天津还没几家私人牙科诊所，郭平川的爱齿口腔诊所是当时私人诊所里规模最大的一家。爱齿口腔诊所的水准非常高，"当时我们诊所有美籍华人李大卫医生、苏嘉俊医生，他们真的是给了我全力支持。"

"和苏嘉俊合作以后，我第一次比较正规地学习到了国外的口腔种植技术。他除了将种植技术毫无保留地教给我之外，还带着我参加各种专业论坛进行学习。2000年我第一次出国，他带我参加ICOI（The Intemational Congress of Oral Emplantologists）国际种植牙专科医师学会亚太区的一个会议。"在会上，郭平川获得了ICOI颁发的

"Diplomate"荣誉证书，同等于研究员级别或者是专家级别。这个证书是国际种植领域中最高级别的荣誉。

（2000年，郭平川荣获ICOI国际口腔种植专家证书）

　　一路走来，郭平川跟苏嘉俊的合作都非常愉快。"连锁理念也是他传递给我的，做第一家分院就源自他的建议。有些医生在诊所工作一段时间后，发现牙科诊所很赚钱，就有了自己开诊所的想法，来问我能不能合作？而我当时的想法是要把我们的诊所做大，扩展成一家口腔医院的规模，但苏嘉俊建议我先不要做大而是要做多，形成连锁诊所模式。通过和苏嘉俊的详细交流，我便听取了他的意见。于是，2000年我们成立了第一家分院——河北爱馨口腔门诊部。"

　　之后第二间、第三间诊所陆续开业。苏嘉俊告诉郭平川，在国外非常大型的口腔诊所是留不住人的，特别是一些优秀的医生。苏嘉俊让郭平川采用"以小诊医疗为本"的经营方式，先扩张门诊数量，慢慢做，不要急在一时。

　　郭平川评价苏嘉俊是自己下海以后对他事业帮助最大的人之一。"第一，有了他的支持才有了爱齿口腔这个品牌；第二，在我最困难、最脆弱、最狼狈的时候，在我的人生处于低谷时，他给予了我最大的支持和帮助，触动了我内心最柔软的部分。他是我的老大哥，也是我事业上的贵人。他从不过多地干预日常的管理，经常给我输出很多先进的理念，介绍一些牙科的朋友给我认识。他是我一生的良师益友！"

郭平川和苏嘉俊的合作成为当时天津的一段佳话，这也是郭平川美好人生的开始。当生命的星光滑进宇宙深处，许多人像流星一样随缘而来又随缘而去，而朋友却停留在你的身边，作为你的知音，惊艳了你记忆里的那一段时光。

苏嘉俊是郭平川最优秀的合作伙伴。爱齿能够快速成长发展，都是因为有苏嘉俊的鼎力相助，包括爱齿口腔后来开展的很多新技术都是他倾囊相授给郭平川的。他们共同合作了二十年。郭平川和他之间发生的故事最多，感情也最为深厚。"等我退休闲下来的时候，还要专门整理一下我们之间发生的那些美好的记忆……"

第二节　丹麦医生

伊丽莎白，来自丹麦，是一名十分优秀的口腔医生。1998~2000年，伊丽莎白一直在郭平川的爱齿口腔工作。"她是我的同事兼好友。她为我们爱齿的基础治疗建设贡献了很大的力量。四手操作、中央抽吸系统，包括卫生标准，我们一直沿用至今。除了抽吸泵，根管治疗、医用棉卷、基础治疗等都是她当时教给我们的。她是我事业上最强的助力者。"

缘分会接近两个半球的距离，伊丽莎白的到来便是如此。伊丽莎白的爱人也是丹麦人，他在天津一家合资企业阿诺和诺德公司担任工程师，这是一家专门生产治疗糖尿病的药品和检测治疗糖尿病试剂的公司。伊丽莎白是跟随她丈夫来中国天津的。

当时在天津的一些外国人，看牙经常会去北京，因为北京有一家国际口腔诊疗中心，还有后来成立的和睦家医院。1997年底伊丽莎白到和睦家医院看牙时认识了一位爱齿口腔的股东，他就是和睦家口腔科的创始人——美籍华人大卫·李。经大卫的介绍，郭平川与伊丽莎白相识了。由于两人都是医生，在后续的交流中，两人逐渐发现彼此在医学方面的很多理念出奇一致，颇有相见恨晚的感觉。郭平川欣喜若狂，他很庆幸自己如此幸运，能遇到这么多优秀的朋友来协助他实现自己的梦想，便盛情邀请伊丽莎白到爱齿工作。还专门为伊丽莎白配备了一个翻译，方便与病人及同事们进行沟通。

伊丽莎白在了解了爱齿的治疗系统后，希望能按照她的想法和要求进行一下调整。首先要建立一个中央抽吸系统，这一系统是当时欧洲最先进的专业系统，只要病人躺在那儿就可以完成全部治疗过程。"这个系统就是把病人的唾液、水等同时一次性吸走，通过一个中央系统把水和气进行分离，水排到污水管道，气则排到室外。"郭平川在听完伊丽莎白医生的详细介绍后立刻决定引进，丝毫没有犹豫。郭平川有大局意识，他心中清楚，这个系统当时在国内都没有，就连和睦家医院也没有，如果爱齿能够引进这套系统，相当于开创了中国牙科的一个先河！

　　中央抽吸系统一般分成三种，第一种是过去使用的弱吸，是通过水产生的负压把口腔里的唾液吸走，虽然没有飞沫，但是很弱，只能把唾液里的水吸走，而且浪费水。第二种方法叫半干半湿抽吸法，就是有一定的水，但是主要是通过压缩机空压负压机把水和产生的飞沫集中收走，收到一个地方进行分离以后，把水排到污水管道，气排到室外去。当然还有一种叫干式抽气法，完全水汽分离，当时就分开，对于牙科诊所半干半湿是很好的选择。

　　准备好充足购买资金的郭平川，通过伊丽莎白的丈夫在丹麦购买了中央抽吸系统直接运到天津。之后爱齿专门成立了国际部，伊丽莎白就任国际部的主治医师。为了普及这个中央抽吸系统，郭平川把原来的八台牙椅子全部都换成了中央抽吸系统，还请伊丽莎白对所有员工做了培训"现在这个系统在国内已经普及了，基本上都是从德国和意大利进口。后来天津一家公司就仿照了我们爱齿引进的这个系统，做了一些调整后制造出国产的中央抽吸系统，并且还申请了专利，现在在国内推广得非常好。可见当时丹麦的设备有多先进！"

　　"为了配合伊丽莎白的工作，我们专门购买了三台德国西门子的牙椅，都配备了中央抽吸系统，还将国际部诊室全部都设为单间。伊丽莎白还从丹麦买了很多牙科专用物品。当时年国内还没有这类进口物品，因为我们是合资企业才可以购买。这也为爱齿在科技进步方面起到了决定性的贡献，也为爱齿后来再上一个台阶奠定了基础。"

　　先进的设备加上先进的技术让爱齿口腔一跃而起，营业流水在跨世纪的头几年就达到了两千七百多万。"在当时来说，作为民营的爱齿口腔，营业流水做到在天津地区口腔行业名列前茅，在国内民营口腔行业亦数前列。"

能在开业没几年就拥有如此斐然的成绩源于爱齿口腔对于国际先进牙科理念的运用，以及对新技术的积极引进。比如丹麦医生的四手操作、补牙理念、根管治疗理念、无菌操作理念，甚至应用进口的小型高压锅来进行口腔消毒，佩戴一次性手套，等等。虽然现在这些操作已非常普及，但想想看爱齿早在1998年就已经应用了。

伊丽莎白不仅在理念技术及设备上给郭平川的爱齿提供了帮助，还经常与诊所的同事们进行学术交流。"我们国内的一些医生，包括现在很多老的医生，根管治疗的水平并不是很高，特别是对后牙的治疗，当时还在用塑化法和干湿法，包括口腔医院用的也是这些技术，但国外已经在采用根管治疗技术了，尤其是对后牙的治疗都要用这项技术。"而这一技术在爱齿的推广还有一段有趣的插曲。

"我们一位员工有颗曾经干尸的后牙，伊丽莎白就用了根管治疗法给他做了治疗。当时有几位老医生就不屑地说到，'等着看吧，手术后肯定肿痛。'但是经过伊丽莎白的治疗后，他非但没感觉到一点儿疼痛，而且恢复迅速，效果还非常好。大家惊叹不止。之前说风凉话的几位老医生更是惊讶不已，之后便心悦诚服地向伊丽莎白医生请教，虚心向她学习。"根管治疗法按现在的叫法为"逐步后退法"，不再单纯依靠双手来做手术，需要结合一部手机，这样做可以防止后牙的根管针掉到病人的嘴里，极大提升了手术的精确性和安全性。

1998年初，在郭平川的支持下，伊丽莎白还在爱齿国际部积极推广了树脂充填法这一新技术。当时国内还都在用银汞充填法，而欧洲正在逐步淘汰这种方法。树脂充填非常有效地弥补了银汞充填的颜色金属感太重，不能用于前牙的缺陷。这项新技术一经使用就受到了热捧，之后爱齿的医生就全部都使用树脂充填法。现在国内树脂充填法已经完全取代了银汞充填法，但在1998年爱齿口腔就在伊丽莎白的带领下完全普及了这项技术。

"怎么补，怎么进行酸蚀技术，怎么保证这个牙补得好？伊丽莎白从丹麦买来了很多的成型夹和成型片，还有楔子等。她把无痛洁牙、四手操作、根管治疗、树脂补牙、牙体预备、排龈、做临时牙冠和各种烤瓷冠等这些技术操作毫无保留地教给了爱齿口腔的医生们。"

医学无阶级，医术无国界，重视人道，是医德永恒的主题，这是一种美德，更是一种伟大的精神力量，历经数千年而不衰。

"她还安排我们去丹麦考察，特意安排我到丹麦的首都哥本哈根观摩她的老师做种植外科及交流种植的一些技术。"

"现在回头来看伊丽莎白对爱齿口腔早期正规化、系统化、科学化的建设功不可没，对爱齿的发展起到了很大的推动作用，包括大卫·李都认为她的操作方法非常正规，非常学院派。后来我跟林野教授在聊她这段的时候，林野也对她赞叹不已，说伊丽莎白的方法是纯粹的欧洲人的方法。因为林野教授是留德的博士，他非常欣赏欧洲的牙科医生这种干活儿一丝不苟的精神和谨慎严谨的精细方法"。

伊丽莎白给郭平川带来许多个第一次，让他接触到了欧洲的治疗技术、欧洲牙科医生的标准操作方法和他们治疗的一些习惯，这些对郭平川的启发非常大。当时我国与欧洲的技术水平相差很大，正因为有了伊丽莎白的帮助，爱齿的业务水平和行业地位才得以不断提高，包括天津乃至全国的同行都参照他们的技术，甚至模仿他们的管理方法。

"除了工作之外，伊丽莎白也是我的好朋友，我们一直保持着联系。后来她随丈夫回丹麦以后，还开设了一家诊所，由她经营。我们曾组织几位牙医到她的诊所参观学习，她也带着自己诊所的人员来天津旅游。我们的关系一直相处得很好。2007年左右，伊丽莎白因丈夫临时调动工作再次来到天津。这期间她在爱齿又工作了几个月。"

"她今年也五十六岁了，最近这两年她的颈椎病比较严重，所以她临床基本就不接触了，在家休息。伊丽莎白虽然是丹麦人，但她非常喜欢中国，尤其喜欢中国的文化和服饰，离开天津前她还找人特地定做了一些衣服带回丹麦。"

伊丽莎白和郭平川他们相处得非常融洽，感情也很深厚。"她单纯真诚、热情大方，崇尚平等，崇尚个人奋斗，没有种族的观念。我经常带一些医生朋友到她家开party，大家聚在一起烤肉、喝啤酒……"有一次大卫·李从北京过来，郭平川也邀请他一块儿到伊丽莎白家聚会，大家开心地一起听音乐，一起跳舞……之后大卫·李非常感慨地说，他在美国工作时从没有像他们这样与美国同事这么近距离接触，从没这么友好，这么和谐过，在中国，没有任何种族方面的障碍。

"伊丽莎白不能喝中国的白酒，有两次都被我们的医生给灌醉了。她教我们王院长做丹麦餐，我们教她做中国菜，不过她始终都不习惯吃中国的饺子，尤其是茴香馅的饺子。她的儿子也逐渐长大了，来中国时才几岁，现在已经是丹麦皇家警卫队的成员了。"说到这，郭平川的眼里已是

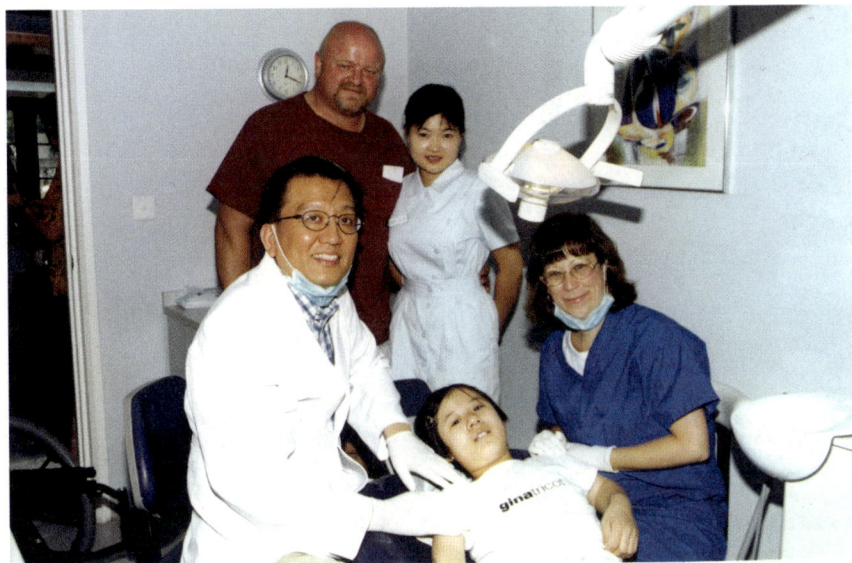

（美籍华人李大卫医生驻爱齿口腔义珍）

满满温馨的回忆……

　　郭平川非常怀念和丹麦医生伊丽莎白一起工作的日子，不仅大家相处的氛围和谐美好，还能学到很多新知识，感受一些异国文化和风情。她的丈夫也非常和蔼可亲。"我从来没看见过他发脾气，我们见到的永远是他温暖的笑容……"

　　阳光能温暖身体，挚友温暖的是心灵。心中若是存着一位知己，便有芬芳的花朵绽放，馥郁的香气总会充满心头。如若与知己同行，生命也变得充满乐趣。光阴只会刻录下难忘的时光，与知己相伴留下的是春光灿烂，静夏荷花，秋阴硕果，怒冬寒梅。

（伊丽莎白医生的家人）

（与林野教授合影）

第三节　林野教授

林野，北京大学口腔医学院教授，他是把中国种植引入正轨的领路人。林教授在2000年时就开始给中央领导做种植牙，是中央领导的牙科保健医生，也是中央保健委员会的成员。

二十世纪九十年代末期，郭平川认识了不少国内外的口腔领域的专家教授。"林野是我在从事口腔事业历程中，对我在专业领域有重要帮助的导师和友人。林野从某种角度来说算是我在口腔事业上的引路人。"

林野教授来自西安，1983年毕业于西安医科大学，1986年获得华西医科大学硕士，1994年取得德国科隆大学医学博士学位。"他与我同岁，都是1955年出生，比我小几个月。经张海柱引荐我认识了林野教授。张海柱也是留学德国的经济学博士，当时是复旦大学的外籍教授。他代理了德国菲亚丹特等好几个系统的种植体。因为他和林野教授都是留学德国，所以他们之间很熟络。"

"1998年，我们举办的ICOI会议邀请林野教授做学术演讲，他分享的是骨块移植技术。林教授用他的一个小病例做演讲分析，当时的我并没有过多的关注。"

后来经张海柱的推荐，郭平川去北京大学拜访了林野教授。林野教授对郭平川的情况有一些了解。"苏嘉俊是台湾很有名的种植专家，林教授和他也认识，因为苏嘉俊和我合开了国内第一家的合资门诊，林教授对我也有了一些了解，对我的拜访也很重视，让我在他们科室先参观体验一下。"

　　郭平川在林野教授的科室待了两三天后惊讶地发现，林野做的工作和他们有很多不同之处。这里的牙医全部使用柱状的种植体，而且操作非常严谨，当时都是按正规门诊手术流程来完成的，要求严格消毒、严格铺巾、严格戴手套，另外他们的设备也都是当时国际上最先进的。郭平川看到的一切完全颠覆了他对林野之前的印象。崇拜、崇敬之情油然而生！

（德国曼海姆大学经济学博士张海柱）

　　"没有真正对比过，就永远都不会知道什么是差距。那时候我们诊所用的是叶片状种植体，手术操作程序也不够严谨，拔牙时没有给病人消毒铺巾，与普通拔牙没有区别；术后维护我们也不是每次都使用抗生素。更让我惊奇是他们咬牙印儿的方法、带牙的方法，还有技工铸造等技术都是我们没有的，当时我就觉得他们的方法应该是最正规的。那我们是不是走偏了？因为我们还没有做到那么正规，那么严谨。"

这次观摩对郭平川的震动很大，感触颇深。他一直在反思自己爱齿做种植是不是草率了一点？这就是私人小诊所与学院派的区别。他暗下决心要好好学习北大学院派的正规操作方法，大到对科室小到对每一颗种植体都进行严谨管理，比如每种一颗义齿他们都要先进行设计会诊，然后才能正式开始。"这样一比较，苏嘉俊教给我的方法虽然操作简单，但还是有些海派了。而学院派做这件事非常严谨细致。我们种的种植体可能就戴十年，而北大做的种植体可能戴到二十年。所以我立刻意识到差距在哪里了！"

"专业严谨的学院派"是林野给郭平川的第一印象。在张海柱的安排下，爱齿的医生都可以到北京大学口腔医学院参观学习，每人轮流待五天，跟着他们学习所有手术、修复等技术。郭平川与林野的科室保持着频繁往来，他们举办的学习班、学术活动郭平川都一定要亲自参加。当时郭平川也正负责一本民营口腔杂志，带着对林野教授深深的敬佩，郭平川特意给他做了一次封面人物的采访。

2002年，郭平川跟随王兴教授、林野教授去参加欧洲骨整合协会（European Association for Osseointegration，简称EAO）每年一度的欧洲种植大会，参会者都是在欧美非常有影响力的种植专家，Branmark教授、Spiekrmann教授、Nenkam教授等。这是一个世界性的大会，全世界最著名的种植厂家也都来参加。这是郭平川第一次参加这么高水准的国际大会，他的视野变得更加宽广了。

（2002年与王兴教授参加欧洲口腔种植会议）

"林野教授对我的帮助让我终生难忘。2003年他安排我去德国Kirsch
的诊所参观学习。当时林野引进了德国销量第一的叫cam log的种植体。
cam log在德国的信誉是非常好，发明人就是Kirsch，一名私人牙医，而且
他还发明了IMZ和cam log种植体，与老一代口腔种植专家格拉夫曼汉斯、
Branemark几乎齐名。从1998开始到现在，我们发现cam log种植体的稳
定性非常好，种了二十年几乎没怎么出过问题。"

这一次，林野安排郭平川在Kirsch的诊所停留了一个星期，还特意派
了一名翻译陪着他一起，方便和科室的医生沟通交流。郭平川到了Kirsch
的诊所发现他们只有七台椅子，但每年能做三千多颗种植体。而当时爱齿
有十几台牙椅，一年最多也才做六七百颗种植体。一番交流下来，郭平川
意识到了差异所在，原来Kirsch的诊所是专门的种植诊所，所有工作人员

（在德国Kirsch口腔种植中心学习）

每天都是从早上九点一直忙到晚上八九点钟。

　　通过短短一周的学习观摩，让郭平川又有了更大的收获，他目睹了德国最高水准的手术过程，聆听到了世界最前沿的操作理念，收获了深刻且独到的见解。与名师零距离的接触让他再次开阔了视野，这样的机会可谓是弥足珍贵啊！

　　"结束了一周的学习，我就又陪着林野教授和王兴教授去了法国马赛，参加法国的一个种植大会，大会邀请了一部分欧美国家的专业人士，中国的林野教授是此次大会的特邀嘉宾。王兴教授虽说不搞种植，但他当时兼任着中华口腔医学会会长、种植专委会第一届主任委员，所以林野教授特别安排了一场由他主讲，王兴教授来配合的演讲。他们讲完以后会场内的掌声经久不息。我记得当时有两个华人非常激动，其中一位用比较蹩脚的中文，中间又夹杂着几句英语对我说，他好像从来没有见过亚洲人在欧洲这样的舞台上做大会的演讲嘉宾，感觉真的很自豪！"

（2003年与王兴、林野教授参加欧洲口腔种植会议）

这也正是当时郭平川的感觉！在这样一个盛大的国际舞台，到处是行业内数一数二的专家，能听到来自中国的声音，这样的场景让刻在国人基因中民族自豪感油然而生。林野教授是最早来自中国也是代表亚洲脱颖而出的一位著名种植专家，他曾任亚洲种植协会会长，他的专业水平非常高，甚至超过当时日本和中国台湾地区的医师。

林野教授帮助郭平川做出了许多指导性的决定。1998~1999年，台湾某口腔医疗协会与华西联合创办了一个研究生班。因为爱齿口腔是台资企业，所以在台湾的朋友为郭平川申请了一个名额，并且联系了华西医科大学宫平教授，可以读他的研究生。这次机会让一心想圆大学梦的郭平川再次热血沸腾，一切就绪只差东风，他还需要一位教授的推荐信。于是，他想到了林野教授。

林野教授听后就说："如果你读这个研究生，一年当中你有半年的时间在华西，然而你还要管理你的诊所，而且现在诊所又是你的主力战场。这样来回跑，很分散精力，你可能两边都兼顾不好。你一定要去拿这个学历吗？"其实推荐信林野已经写好了，但是他还是希望郭平川能切身实际地慎重考虑一下。毕竟郭平川已经离开了体制，现在是一名私人牙医。"如果将来你想要学习更多的学术知识，一个是要靠自学，一个是要多参加会议。将来我也可以在其他学术方面推荐你。"

郭平川心里明白，林野不希望他因为这个学历耽误了诊所的工作。毕竟这不是正规大学，只是跟着台湾同胞沾光得来的一个学历。"其实我还是很向往的。就算不是考进去的，但我能在这个大学里待着也好啊！然而当时的爱齿才刚刚起步，更需要我身先士卒带领医生们去开展种植，把这个来之不易的诊所做好做大。"最终郭平川还是决定放弃这个再次上大学的机会，这也是他此生最后一次这么接近大学的机会。

之后不久，在当时任职种植专委会主任的林野教授的推荐下，郭平川破例成为了唯一一名民营口腔种植专委会的委员。想要进入专委会的人很多，所以对每一个委员的进入都是有严格的要求的。不仅要经常参加专委会举办的会议，参会时还要每年拿出一些病例进行投稿。"我经过这些程序的审核，在林野教授、王兴教授及其他专委会负责人一致同意下，我就破例成了种植专委会的委员。到现在为止，每年我都至少参加一次专委会的学术活动，并且投稿演讲，快十八年了，这对我的帮助非常大。我不仅可以经常考察国内外口腔发展的情况，还有很多去国外学习的机会，让我开阔了视野，增长了认知，也为爱齿口腔的迅速发展起到了推动作用。"

近年来，随着中国的不断发展与强大，我国的口腔事业在很多领域都逐渐与国际接轨，郭平川经常参加一些国际组织的活动，特别是学术团体、学术会议的交流。郭平川通过这些交流活动认识了很多国内外的同行和专家，有些还成为了好友。郭平川能够带领爱齿口腔一步一步走出天津，步入国内先进行列，这些朋友给予了极大的帮助。"如果说认识了苏嘉俊，让我在种植上奠定了基石和进步，那么认识林野教授，让我真正地与国际接轨了，让我的种植水平达到了国际标准，让我知道应该怎样做好这个专业，应该用什么态度来做这个专业，一定是科学的、严谨的、认真的、不断努力的态度。"

针对民营口腔企业的发展，林野教授也给出了很多意见和建议，林野教授有一句话让郭平川印象深刻："你一辈子做自己喜欢的事，并能从中赚钱谋生，这就是最好的人生。"郭平川的人生亦是如此。"每天的工作让我很快乐，因为我做了别人做不了的事，我可以给很多病人解决痛苦，帮助他们恢复口腔健康。同时我还结交了很多的朋友，享受着美好的生活。"

郭平川：中国民营口腔的探索者

第六章
> 十年瓶颈与探索 <

变通革弊，与时宜之。

——郭平川

机遇也意味着挑战。民营口腔门店数量迅猛增长的同时，带来的却是专业人才短缺、整体规模较小、运营成本高、融资难、信息化不完全等多种困局。民营口腔医疗机构的发展遇到了"瓶颈"，这些"瓶颈"不打破，民营口腔医疗机构很难得到健康可持续的发展。

如何应对发展中的瓶颈期？如何建立高效的管理体系？如何开展诊所营销？种种尖锐的问题横亘在民营口腔人的面前。

作为中国民营口腔的先行者，郭平川躬先表率，四处奔走，与同行及相关产业的人士共同探讨，自我剖析，希望寻找到一条正确的路径来突破现状。

第一节　自我满足静静守业

从2008到2017年的十年间，在郭平川的带领下，爱齿口腔一直保持着之前的运作模式，表面上看起来一切风平浪静，没什么大起大落，但在时代大环境下，口腔领域早已不是原来的景象。人无远虑，必有近忧。物壮则老，繁华的背后充满了危机，这本就是繁华自带的特性。满足现状沾沾自喜，不把眼光放于长远，必然停滞不前甚至后退。

一次偶然的机会，郭平川获知某诊所的一位医生年收入高达百万，"当时我都震惊了，爱齿的医生年薪差不多在十几万，我还一直以为是处于一个相当不错的水平。"忍不住好奇，郭平川特意去了解了一番，发现确有其事。"他们的诊所有宣传、有服务、有推广，吸纳了很多客户。这件事情对我的触动很大，以致那之后很长一段时间我都处于迷茫的状态。爱齿从创立到现在每一个阶段的画面在脑海中循环播放，想要寻找和探究到底是在哪个环节出现了问题？"百思不得其解，郭平川决定走出去，对现在的市场大环境进行学习和考察。

"也可能是因为那时觉得该有的都有了，当初一门心思往前冲的劲头也就有些减退了。但是看看现在的行业变化，我不得不又陷入自我反省，不能让当初自己用全部身家创办的医院，做着做着就消失了，不能成也萧何败也萧何。"

走出门的第一站，郭平川选择去了中国通往世界的"南大门" 一广州。作为珠三角经济区核心枢纽城市，这里汇聚了来自世界前沿的口腔医疗技术及精尖设备。郭平川一行人在朋友的带领下，参观了一家位于珠江边上某座大厦四十层的高端牙科诊所。据了解，这家诊所仅房屋租金就有三百多万，设计打造上便耗费将近五百万。诊所专门配备了休闲的咖啡厅和儿童俱乐部，仅咖啡厅的面积就有两个爱齿口腔医院大小，环境幽雅，装修豪华，如同五星级酒店一般。在店门口就可以闻到那浓厚香醇的咖啡的味道。巧妙设计的落地大玻璃窗，可把海天一色的绝景尽收眼底。恍惚间会有种漂浮于海上的错觉，如梦似幻，看不出一点口腔诊所的样子。儿童俱乐部是专门为就医的儿童设计，里面有各种儿童娱乐设施，简直就是孩子们的天堂！在医疗设施设备的配备上，种类与品质更是让人瞠目结舌，甚至有些精密设备郭平川只是听说过，这还是第一次接触到实物。

这次参观交流给郭平川带来的震撼是巨大的，他感触良多，"曾经以为爱齿的环境、设施、服务都是最好的，一对比，才真切感受到'山外有山、人外有人'，真是时代不同啦。"

每个时代都存在着大浪淘沙，竞争是不可避免的。爱齿口腔虽然现在乍一看也还算过得去，但真正走出去了，才会发现曾经在井底看到的天空是渺小的，只有跳出去，才能看到更广阔的蓝天。幸运的是，郭平川始终有不安现状、挣脱桎梏的勇气。

逆水行舟，不进则退。新的挑战再次出现在郭平川面前，爱齿口腔亟需在品牌、设施服务、资金等硬件和软件上升级和调整，才能在新时代的洪流中站稳脚跟。

医疗保险政策的出台

"我们在医疗服务的临床水平上应该一直是领先的，2008年国家开始实行的医保制度，给我们的业务带来不小的冲击，因为有很多人还是会在乎他卡里的报销部分。"

在国家实行医保制度时，谨慎的郭平川并没有申请医保，他出于以下两点考虑：一是现实原因的考量，当时国家刚刚实行医保时，医保局对民营单位的要求比较严格，很难申请；二是操作混乱的担忧郭平川担心申请医保后很多人会来找他们诊所的医生，把种牙、镶牙等不属于医保项目变相操作为医保项目，造成骗保行为。当时国内很多医疗单位的骗保行为还是比较严重的。2008年以后，国内有些医院带头把种植牙项目纳入医保，病人只需交纳手术材料费，大部分手术费、医药费都算成医保报销费用。受其影响出现了早期一些小的民营单位骗保的现象，不仅被相关部门处罚，有的还被吊销了营业执照。

郭平川不想冒这个风险，他也不想打政策的擦边球，他深知触犯法律的严重性，所以他宁可少挣点儿钱也不申请医保。不指望依靠医保来创收，宁肯只服务少数自费的病人，诊所的收入自然一直未有提升。

人才流失及团队老龄化问题

"人才流失也是我们停滞不前的原因之一。有些医生是我们花了几年的时间和心力才培养成才的，但他们成长为可以独当一面的医师后就离开了诊所。"说到这里，郭平川的目光里露出几许惋惜。"我们曾经有一位医生，我帮助他从副主任医师晋级到主任医师，提供了很多学习进修的机会，还将他引荐给林野教授指正他的不足，帮助他进入种植中心。后来他想自主创业，于是我和他协商合作创办了南开上谷爱齿口腔门诊部。几年后，技术和管理经验日渐成熟的他还是更想实现自己的梦想，于是选择了离开爱齿自立门户。虽然万般不舍，但看到他一步步成长起来，作为他的导师我还是很欣慰的。"

郭平川这些年来一直专注于种植业务的发展，儿牙和正畸在爱齿是相对薄弱的学科，久而久之这也成了郭平川的一块心病。为了提升这一薄弱环节，郭平川高薪聘请了一位博士生，他是天津第一位从北大毕业的博士。在他毕业前夕，郭平川第一时间联系到他，诚挚地邀请他加入爱齿。

对于医学生而言，早期的学业生涯都是比较艰苦的，他读了几年的博士，经济上有些拮据，郭平川惜才爱才，了解他的困难，诚意之下也给予了相对丰厚的报酬，所以他很愿意来爱齿挣第一桶金。"他博士毕业后入职了公立医院，因此只能每周抽出两个半天来爱齿坐诊，专看正畸。他的正畸技术真的是非常扎实，所以那段时间我们爱齿的正畸水平在他的带领下得到很大提升，口碑也非常好。后来他要去日本进修，就只能暂别爱齿。坦白讲，之后加入的正畸医生技术上都没能超过他。"郭平川回忆到这位博士的时候，脸上流露出满满的惜才之意。

面对人才流失造成的损失，郭平川仔细思考了自己在人才管理上存在的问题：没有及时引进新人才，特别是年轻人，导致爱齿口腔整个医生队伍处于老龄化。早前，爱齿口腔最年轻的医生甚至都已经超过45岁，一般都是50多岁，他们觉得自己快退休了便就安于现状，更有甚者将安于现状视为"知足常乐"。同时他们对于新技术的接受和运用比较困难，相对来说对于治疗病人的数量就受到了限制，低诊疗率特点突出。

此外，爱齿口腔目前在薪资改革方面还有些不足和缺陷：高提成低底薪制度非常不利于当前对年轻人的招募。底薪低留不住人，但高薪又不知道他们成长的速度如何，所以多年来一直没有提高底薪，没有建立合适的人员激励机制。没有年轻人的团队就没有朝气，丧失新生血液。"我仔细地分析了爱齿停滞不前的原因。在品牌管理、人才储备、新技术的应用等方面，我们还有不少需要改进和提高的地方。"

　　爱齿口腔刚成立时起点很高，拥有国际顶流的医生团队、先进的欧洲口腔医疗理念、技术和设备，在天津口腔行业遥遥领先。但是在之后的十年中，同行业在各方面开始迅速发展，而爱齿口腔却故步自封原地踏步了十年，错失了发展的第一时机。

　　梦想很饱满，现实却很骨感，支撑梦想前行的，永远是不懈的努力和付出。天上不会掉馅饼，路边也没有白捡的果实，要想实现自己的理想，更需要脚踏实地地耕耘。每个人命运的沉浮都在告诉我们，不断追求，成长和体验，生活会给你答案。

　　民营口腔遇到了瓶颈期，郭平川再一次被推到风口浪尖之上。民营口腔诊所该怎样布局才能找到一条既符合口腔医院现状，又独具特色的差异化道路呢？郭平川及其他民营同仁再次肩负起行业赋予他们的使命与期望。

第二节　优秀人才资源稀缺

　　有资料显示目前99％的医疗专业人才都掌握在公立医疗机构手中，相应1％的民营医疗机构专业人才均是最初由公立医疗机构中"分化"出来的创业者，虽然这些人具备较高专业水准和职称背景，对民营医疗机构的定位和专业性起到了积极的作用，但面对民营机构的需求，显然是杯水车薪。为求发展，高薪聘请退休人才，海外留学人才，乃至"跳槽"人才是目前民营机构解决专业人才短缺的主要手段，但由于对民营医疗机构的传统认识，以及医疗机构的自身问题，人才这一难题一直横亘在民营口腔发展之路上。

"想要找到优秀的口腔专业人才真是太难了。爱齿的大部分医生都是早前从专科考上的医师，技术难免参差不齐，培养起来也比较吃力。而那时的技术交流不像现在这么广泛，几乎没有什么学习或者进修的机会。值得庆幸的是我之前任院长时和北大、华西学院一直保持着很好的交流沟通和相互学习的习惯，所以我们爱齿的医生还算幸运，有着比其他民营口腔机构多一些与大医院学习交流的机会。"

一家门诊，一个公司，最主要的核心构成因素就是人。提高员工的工作投入度，多元化员工构成，大家凝聚在一起才能创造更好的发展，因此员工队伍的规划是一切工作开展的基石。郭平川深知人才是口腔发展的核心资源，也是制约发展的瓶颈。比如一些个体口腔诊所就会面临规模小、品牌弱等问题，就更难吸引到优秀人才加盟。另外，口腔医疗机构不能独立培养所需专业人才，职称社保等方面不配套，很难"挖"到高端人才，导致民营机构多靠吸引退休医生和刚毕业年轻医生为主。没有雄厚资本、高尖端技术、广泛的影响力，最后只能在低端领域谋生。

当初在河西医院任院长时的郭平川就一直觉得自己学历不高，对于医院长远的发展来说会是一定的桎梏。他坚信未来一定是属于更多新生代的高素质精英们的，因此他一直积极去招募人才和培养人才，为医院注入更多新鲜的血液。"每年我会跟市卫生局提条件，必须给我安排一个大学生。为这事，我还特地请求人事处帮忙跟市里要人。"郭平川诚心希望自己能做好一位伯乐，不错过任何一匹千里马，不断地丰富和完善医院的人才储备。

后期资本进入口腔行业，引发行业重组并加剧人才竞争，相对于根深蒂固的公立口腔体系，民营口腔更易受到资本的冲击。因此只有更加大力吸引人才、重视人才培养，才能让民营口腔在竞争中立于不败之地。

第三节 企业管理的探索

当企业发生亏损时，说明内部一定是出现了问题，但企业盈利时，也会产生各种分歧和矛盾。"在大家的共同努力下，爱齿各分院的业绩也在节节攀升，但部分分院院长的心理也慢慢出现一些失衡。为了安抚他们，我就给他们每人分配了10%的分红股。" 郭平川心里也清楚，除了要吸纳人才外，巩固现有人才，给予业绩优秀的员工相应的分红奖励也是很重要的。

"这些分院院长都毕业于医科大学，四十多岁正是风华正茂渴求成功的年纪，所以我也尽量满足他们在收入方面的要求。但是有了10%，之后可能就还有20%、30%、40%……现在回想起来，如果当时我满足了他们所有的要求，可能他们也就不会离开爱齿了。那个时候我们的利润还算是挺高的，所以给员工提高待遇还能接受，人才留存也会稳定一段时间。这些年我们就这样走过来的，所以为什么说我们爱齿的人工费用比较高，原因就在这里。"

长此以往，郭平川感到越来越被动，如果这些管理层的人员创造了突出的业绩，提出这样的要求也无可厚非。但事实上，一遇到复杂的手术，他们也是犹疑不前，还得郭平川亲自上阵；遇到解决不了的麻烦，还得郭平川去摆平，久而久之，郭平川内心也感到些许寒心，退无可退的郭平川也不再迁就，放手让他们自己去单飞拼搏，对于爱齿口腔而言，也未尝就是坏事。

"我们当然希望自己培养的医生能留在爱齿。我们这种规模不大的诊所，流失一个精心培养好的人才，损失都是巨大的。他的离开会带走一部分固定病人，我们的客流也会相应减少。同时，也会造成员工之间的相互效仿，心智不够坚定的医生也会慢慢滋生出一些别的想法。"看到这么多亟待解决的问题，郭平川渐渐意识到自己在专业管理上仍然有许多不足，于是他招聘来了曾在知名企业任职过的人事管理经理人，想从人员管理上寻求突破。

郭平川协同管理人共同探讨了人员的管理制度和意识形态等问题，一致认为调动员工的工作积极性是牙科门诊管理的核心工作，于是针对不同类型的员工制定了相应的激励机制，比如对业绩骨干提升奖励力度，对新来员工加强生活关怀等。与此同时，加大力度投入医疗技术水平的提升，在原有的内部学习探讨基础上加强员工培训，邀请业内名师大咖及公立医院优秀技术管理人员为员工授课，增强大家的理论知识与实操经验的融会贯通，提升工作效率与工作中独立思考的能力。

在新制度的执行下，短期内确实有效激发了员工的积极性，调动了大家的潜力，改变了以往工作中存在的惰性，执行力有了提升。但从长期来看，管理成本、运营成本、人员成本也在不断攀升，爱齿在业务上的收入与成本支出并不能达到一个有效的平衡，利润率增长依然没有突破。长此以往，对于企业的良性循环发展也是不利的，再加上外部大环境的不断变化，市场容量的压缩，短期内门诊规模、设备更新、装修档次等诸多问题也不是一下子就能解决的，应该摆脱孤军奋战的模式，寻找强有力的合作伙伴或者平台给予支持。深思熟虑后的郭平川决定寻找一个合作伙伴，让专业的人做专业的事。

第四节　冲破天际

随着市场环境的变化，口腔门诊遇到越来越多发展方面的问题，而这些问题与创业初期相比，又有非常大的不同，除了员工管理方面外，还需要面临诸如门诊规划、市场容量、营销运营等方面的困扰。如何去应对变化的市场，并在变化的市场中寻求快速发展的方法，成为牙科诊所普遍关注的焦点。

作为门诊的经营管理者，一定要善于发现问题，只有发现问题才能对症下药地解决问题。特别是表面问题背后深层次的问题，如门诊老板的经营理念与价值观、管理者改变门诊现状的决心与动力等，这些问题很多时候是无法靠自己解决的，可能需要借助第三方的力量。因此，与专业的牙科管理机构合作是不错的选择。

深刻反思之后，郭平川决定走出一条新的崛起之路。这时，幸运之神让他遇见美维口腔医疗集团（简称美维），爱齿口腔在美维的助力下再一次展翅高飞。

生命中伟大的时刻不在于永不坠落，而在于坠落后总能再度升起。勇敢、坚韧、进取这些是人类最优秀的品质，激励着一代又一代人执着地去探索迷茫的未知世界。

"我加入美维时，是拿三家门诊和我们河西原始的一家门诊入股的，在这中间也发生了一段曲折的故事。当时苏嘉俊和我商量想让他太太来经营一家门诊，我立刻答应了。现在的爱齿口腔和平门诊当时就是他太太在经营，但因为她是外行，只经营了几年就坚持不下去了，最终，还是被我们收购回来。实际上我们加入美维时就剩下四家诊所。"

美维口腔购买了爱齿口腔一半以上的股份。美维除了拥有像爱齿这样收并购的合作品牌外，还拥有自己的自建品牌维乐口腔，拥有近两百家的门诊及医院，覆盖了全国三十五座城市。"我们加入美维已经五年了，互相融合得非常好，这是令我欣慰的一件事。我今年已经六十六岁了，年龄偏大了，原来我想把这个南开爱齿口腔医院作为一个收官之作，把它打造成我心中的口腔医院模样，也是我的愿望——把南开爱齿口腔打造成二级专科医院，现在我已经申请了二级专科了。"

"与美维合作前，爱齿的发展遇到了瓶颈期，并且始终突破不了。究其原因一是大环境的影响，二是我的精力被分散了许多。因为我一直都在忙于参加全国各地的各种工作交流会议，同时自己又组织承办了很多会议，忽略了对企业的管理。更是忽略了这个行业悄无声息的变化。"

"与美维合作的这五年，我们采用了美维专业的管理制度，对爱齿进行一系列调整升级，果然在业务上翻了一番，现在爱齿的年营业额能够达到五千万左右。现今，为了爱齿更长足的进步，我还要再进一步去改革，因为我始终相信变则通，通则久。"

　　事实证明，郭平川加入美维口腔的选择是正确的。现在的爱齿口腔即使某位医生突然离开也不会像当初那样受到很大的震动。"离开一位医生影响不会很大，我们铁打的营盘还是不动的。我们给新来的医生采用美维的系统培训，他们很快就能熟悉上岗。门诊的营业额也不会再因人员调动而产生很大的波动。我很感谢美维为像我们这样的口腔品牌带来的规范化、系统化、标准化的管理制度，接下来还需要美维帮我们继续梳理、调整及升级，加强品牌赋能。"谈到这些令人欣喜的变化时，郭平川脸上挂着他一贯的笑容。

　　高山流水遇知音，琴瑟和鸣解千愁。听一曲花开花落，守一份云卷云舒，不负初心。德不孤，必有邻。只要坚守信仰和风骨，就像高山流水一样，处处是同济，处处是知音。

　　爱齿口腔与美维口腔合作后，双方的经营管理理念日趋融合。将医生的管理与市场营销相结合，增加医师助理的职位，增强医生与病人间有效且良好的沟通联系，丰富各类会员活动，为患者提供更贴心的术后关怀服务等，这些举措使得爱齿口腔的业绩水平获得极大地提升。至此，郭平川的爱齿口腔冲破十年的瓶颈桎梏，再次展翅高飞于天际……

郭平川：中国民营口腔的探索者

第七章
＞携手美维　直通未来＜

比机遇更重要的是抓住机遇的能力。

——郭平川

机遇只偏爱那种有准备的头脑。机遇往往不易察觉，需要人去寻找；机遇可遇不可求，需要人去创造；机遇稍纵即逝，需要及时把握。所以，机会总是给有准备并能及时抓住它的人！

2017年，爱齿口腔与美维口腔医疗集团达成战略合作，同时也正式揭开美维口腔进军天津市场的辉煌篇章。已经拥有二十多年成功经验的爱齿口腔，是中国民营口腔界的一面重要旗帜。美维口腔凭借得天独厚的资源集群与技术集群，通过投资"收并购+自建"的双重模式，深度建设口腔数字化智能管理体系，致力于打造中国口腔医疗第一平台，为更多中国优秀口腔连锁品牌及专家赋能。截至2021年，美维口腔已在国内拥有包括爱齿口腔在内的十六家口腔连锁品牌，覆盖中国三十五座城市，近两百家口腔门诊及医院，堪称行业的一匹黑马。

2017年6月6日，在中华口腔医学会王兴会长、天津社会办医协会黄金虎会长、天津市医科大学附属口腔医院李长义院长等口腔行业领导与专家，美维口腔医疗集团CEO朱丽雅与其创始团队，以及数十位口腔界有识之士、新闻媒体、社会各界的见证下，美维口腔医疗集团董事长俞熔与爱齿口腔创始人郭平川共同签署了合作协议，拉开了美维口腔与爱齿口腔战略合作的大幕。这一战略合作对于未来口腔行业发展格局变化极具划时代意义！进一步表明美维口腔在天津这一口腔行业必争之地取得重大成果，也为天津当地居民带来了更专业、更高效、更安心的口腔医疗服务。

（开启与美维口腔的战略合作）

早在2017年4月，美维口腔凭借其高标准、高要求、高品质的口腔医疗服务成为全球最权威的DNV GL认证机构在中国口腔行业的第一个民营合作伙伴。DNV GL是当前在中国认可的、在监督委员会（CNCA）成功备案的国际医疗认证机构之一，双方共同创建完成国内首套领先于国际的口腔诊所管理和医疗认证体系"M+"，这一核心资产将用于提高集团旗下所有口腔品牌的医疗服务质量和患者安全。与美维口腔达成战略合作的口腔品牌及诊所，都将悬挂这一专属"M+"认证标识，意味着它们将严格秉承美维口腔的医疗标准，提供符合认证标准所要求的高品质服务，成为品牌与信誉的保证。根植于天津的爱齿口腔，共拥有位于天津河西区、河北区、和平区和开发区五家诊疗服务中心，它们也都将进入DNV GL认证体系。

美维口腔创始合伙人兼CEO朱丽雅女士也兴奋地表达了这次与爱齿口腔合作的感想："这是一次跨越历史、直通未来的重要合作。已经拥有二十多年成功经验的爱齿，是中国民营口腔界的领军企业，特别是创办人郭平川先生，医德高尚、医术精湛，被尊称为'最早开展种植的民营口腔医生'。我们将全力支持郭老，与郭老一起再次创业，把双方的优势发挥到极致，为民营口腔再创奇迹。"

人们大多羡慕牛顿被苹果砸到的机遇，让他目睹成功之神的微笑，助力他在苦苦跋涉中来一次人生的飞跃。然而当我们羡慕别人好运气的时候，也不得不承认，是他的耐性、努力、忠诚和执着，让他实现了自己的梦想。

路过的都是风景，相遇的都是缘分，擦肩的都是过客，最终留下的才是最幸运的人。错过一辆车，我们可以再等；错过一顿饭，我们可以再约；错过一次机遇，也许就是完全不同的另一种人生。

第一节　最好的相遇

从毅然跳出稳定的体制内，到坚决走连锁化经营模式，郭平川一直在探索属于自己的民营口腔之路。所以不免有人疑惑：为什么要同美维口腔合作？

"为什么要找一个平台合作？主要是我也六十多岁了，年纪一大很多事就力不从心了，而且我儿子对口腔也不感兴趣。不过从私心来讲，我其实也不太想让他继承我的口腔事业。就算他想来接我的班，我也会担心有人会认为他并没有从基层做起，在员工中建立威信也不容易。"郭平川的神情里带着几许无奈。

曾经郭平川也尝试过在自己的医院里选一名医生做他的接班人，然而结果却不尽如人意……起初郭平川很看好这位医生，点名让他做自己的助理。他平时工作非常积极努力，让郭平川很是欣慰，慢慢地郭平川就逐渐放权给他，让他参与管理一些医院的事务。但遗憾的是，这位医生之前没有什么管理经验，又急于做出成绩，年轻气盛的他与资历年长些的医生们关系不是很融洽，因此不少医生都不服从他的管理。在这种情况下，他做了一些令人费解的举动，转向去讨好和拉拢年轻医生。在医院里搞起了帮派。为了满足年轻医生们的想法，就把医院自建立初规定的下班时间给调整了。

"爱齿最初的就诊时间是早九点至晚八点，他接手后把下班时间改成晚五点。当时设计晚班是考虑到很多病人居住在开发区，基本都是晚上才有时间到爱齿来看牙。为了方便这些老顾客的就诊时间，所以医院才有了晚上八点下班的规定。没想到他上任的第一个改革就是修改下班时间。"

"后来他又要改革，在没有做好调研和充足准备的情况下要给所有护士涨工资。他只知道一味地讨好员工，根本不知道管理是一门很深的学问。通过一段时间的考察，我发现他无法堪此重任，也就没有下放更多的权限给他。之后他就觉得他这个助理是个摆设，开始情绪消极地工作。他是我花费了二十年时间辛辛苦苦培养起来的医生，最终他还是选择了离开。遗憾还是有一些的，但是我并不后悔。所以那以后我就决定找一家正规专业的管理公司来合作"。

郭平川寻找合作伙伴的那段时间，有一些投资者也正在关注口腔行业这个领域，陆陆续续有很多机构找到郭平川，提出合作需求，但因为种种原因，郭平川迟迟没有遇见特别合适的机构合作。

机缘巧合下，经天津民营口腔协会会长郑恩琪先生的引荐，郭平川和美维口腔医疗集团的投资副总裁徐晓晖相识。当时的美维口腔正值起步阶段，也在寻找合作伙伴，爱齿口腔在天津区域曾经的辉煌以及郭平川在口腔种植领域的钻研精神与科研成就，让美维口腔非常期待爱齿口腔的加入。

"其实一开始对美维也谈不上非常熟悉，只知道它是一家新成立的口腔医疗公司。后来经朋友牵线结识了徐晓晖，他是我们天津老乡，一见面就聊得非常投机。他是美维的合伙人之一，听他谈起美维的发展规划，让我非常感兴趣。他向我介绍了美维集团的董事长俞熔，俞先生有多年成熟的投资经验，尤其是在医疗健康管理领域，并且非常有自己的想法，他想要打造一个完整的医疗健康生态圈，口腔就是其中非常重要的一环。通过一番了解后我很是欣喜，我感到一种安心。当然那时还只是初步了解阶段，我还没有正式决定。美维方面也是诚意十足，徐晓晖又把美维的CEO朱丽雅女士引荐给我认识。"

"因为大家都在口腔这个领域，所以对于朱丽雅，我是早有耳闻，对她早年取得的成绩也是十分欣赏。朱丽雅是上海顶尖口腔院校的高材生，从最初的牙医到成为大型口腔连锁机构的区域管理人，她所在的口腔品牌连锁几乎做到了国内数量最多、规模最大。同时她也非常勇于打破常规，创建了属于自己的口腔品牌，她所表现出来的能力与果敢是大家有目共睹的，同为牙医转型的管理人，她的管理经验也是我所期待能够学习借鉴的。与朱丽雅正式见面交谈之后，我更坚定了自己的判断，深感这位年轻干练的医生总裁值得信任！她所强调的医疗为本的理念与我不谋而合，最重要的是，她对我们诊所未来发展的构思、想法与我很契合，有种相见恨晚的感觉。"

能与美维口腔顺利达成合作协议，关键就在于这三位重要人物，他们带给郭平川的口腔理念与发展思维都让他醍醐灌顶，对未来也有了更为清晰的规划。虽然美维给出的合作条件并不是最优越的，但与美维合作是最有发展前途的。

对于郭平川最终选择与美维口腔达成合作，也有很多人表示不解，郭平川给出了答案，"美维当时才刚刚起步，什么都还没有，怎么我就偏偏看好他们了呢？其实我也是有一点小私心的，正因为他们才刚起步，我的加入对美维而言是雪中送炭，这种情谊比起锦上添花更牢固长久。我曾立志想要做一个引路人，构建起民营口腔与学院派之间沟通交流的桥梁，现在我的加入可以算作是美维创始合伙人之一，在集团未来的发展上也更有话语权，那么对于我心中民营口腔的未来发展之路将更有助力。"

当然最终的合作也是经过双方多次磨合后才达成的，其中有些问题经过了反复协商。例如，合作以后诊所是否沿用原来的名字，由美维统一管理还是爱齿独立管理等。最终，双方选择了股份制合作方式，美维更是极大限度地选择保留爱齿原有的模样，爱齿口腔的名称、原有管理团队等均保持不变，唯一改变的，就是给爱齿注入了全新的品牌血液。

"加入美维后，虽然我们对于经营上的一些小细节的想法略有不同，但发展的大方向和目标是一致的。我们可以互相学习，互相借鉴，结合我们爱齿自身的发展特点，加上美维的标准化合规经营的管理经验和模式，进一步完善了爱齿。我也一直和朱丽雅沟通协商，希望能按照'以医生为主体，以医疗为本'的理念对诊所进行管理、扩大和推广，而不是一些常规的市场推广方式。"

"爱齿已经成为一个比较成功的地方品牌，我希望它能成为更加卓越的全国品牌乃至国际品牌。通过与俞熔先生、朱丽雅女士的深入交流，我感觉到美维可以支持我们实现梦想，为我们带来更多的资源，创造更大的成功。同时，爱齿也一定能为美维的全面成功贡献重要的力量。"

爱齿口腔与美维口腔开启合作后，爱齿口腔的五家诊疗服务中心都接入了DNV GL认证，正式挂上专属的"M+"标识。这意味着它们将严格秉承美维口腔医疗集团"M+"认证体系的标准，提供其所要求的标准化服务，成为品牌与信誉的保证。美维口腔期望打造的，是未来"M+"标识能在口腔行业中，成为像米其林指南对于餐饮行业一样的金标准，是口腔医疗机构品质、服务与信誉的权威保证。

窗前的树将阳光剪成灿灿的晶片，洒在桌前，清茶淡淡的香气弥漫整个小屋。一口气讲述完转变之择的郭平川，正在安静地品茶，享受只属于他一个人的宁静。此时他的内心出奇的平静，室外的喧嚣嘈杂都被屏蔽了，前程往事也烟消云散了。偶尔抬头凝视一会儿窗外灿烂的阳光。嘴角边浮现出淡淡的微笑，自信而又纯粹……

第二节　携手前行

2017年初，美维口腔医疗集团与根植天津二十年的爱齿口腔连锁机构进行战略合作签约，至此，爱齿口腔正式加入美维口腔医疗体系，共同开启口腔事业的新篇章。经过一年多的合作，爱齿以每年30%以上的速度增长，营业额比加入美维之前几乎翻了一番，尤其是旗舰店。至于双方合作效果显著的原因，郭平川总结为四点。

第一，身份和观念的转变。与美维合作后，爱齿不仅是股东也是经理人，身上有了业绩压力，需要在美维这个大平台上与其他口腔品牌进行比较和竞争，这种业绩压力和竞争意识让爱齿所有员工更有动力。

第二，服务理念的转变和营销手段的扩充。CEO朱丽雅经常会为爱齿分享一些最新的服务理念和营销手段，改变了爱齿以往完全不注重市场营销的旧观念，加强了对老客户的管理和服务，以及对新客户的维护等，比如设立专人统一管理客户微信，新客户到店的周到服务，就诊后的满意度回访。营销手段也进行了扩充，比如设置会员制，对老会员实行一些优惠，也开始关注大众点评上的服务评论等。

第三，现在的爱齿更注重人才梯队的建设。不仅要有经验丰富的骨干医生，也要有年轻医生做基础诊疗工作，同时也会储备和培养这些年轻医生，这样才可持续发展。美维依托国内外知名医学专家资源，逐步搭建起涵盖"美维种植论坛""美维口腔病例大赛""正畸、种植读书会""口腔门诊管理训练营""China Maxi Course®种植课程培训"和"美国口腔种植学会西区双年会"等多元化国际化的人才培养平台，为爱齿的人才梯队培养提供了保障。

第四，集团采购降低成本。采购可谓是企业活动中最重要的功能之一，在采购成本占企业总成本比重逐加增加的趋势下，通过集团统一采购，可大大降低设备、器械的采购成本，实现资源利用最大化。

两大领航舵手行稳致远，携手同行，同声共鸣。2017年，爱齿正式成为美维旗下的品牌，与美维打造成一个"稳定、共赢"的利益共同体，以优势互补、互融互通为原则，在资本、人才、技术、市场、管理等全方位领域提供支持和共享资源。对于爱齿口腔未来的发展规划，郭平川信心满满。遵循着"一切与牙无关，一切与人有关"的企业文化，美维以创新思维将医疗与运营、小股东与大股东、投资者与经理人进行了相互融合。这是贯穿爱齿2017年全年的工作重心，也让爱齿从原本的孤军奋战迅速发展成一支舰队的联合作战。同心筑梦，汇聚成一个品牌符号，同荣辱共荣耀，一起迎接崭新的未来。

相对平稳的生活，郭平川更喜欢跳动起伏的人生。精彩在于你无法预料明天会发生什么？你不知道自己播种的种子何时会开花发芽？这就是他生命中最动人的特质。

第三节　无限未来

郭平川认为美维带给了他个人全新的成长，过去他更沉溺于学术，一心扑在手术上，对于现代企业管理不尽人意。美维特色的"DSO"（Dental Service Organization，口腔医疗服务组织）模式与"事业合伙人战略"赋予了他更多全新的管理理念，无论是运营、营销策略、成本控制、人才培养等，也让爱齿口腔打破传统模式的桎梏，迅速成长起来，实现营业额翻番，更为郭平川的爱齿口腔打造成示范口腔连锁旗舰机构，向树立民营口腔新标杆这个目标迈出了一大步。

致力产学研一体化发展，美维口腔严控医疗质量、布局人才培养、接轨国际水平，走出了民营口腔医疗连锁品牌发展的"第三种形态"。

随着民营口腔医疗行业进入白热化阶段，连锁口腔医疗品牌频出，但能够实现可持续盈利的并不多见。美维是近两年闯出的一匹黑马。以"事业合伙人"模式，通过收购和自建两线并行，美维已在全国拥有十六个口腔连锁品牌，将近两百家口腔医院与门诊部的体量覆盖三十五座城市。

美维，最佳事业合伙人

"无论是口腔医院，还是口腔门诊，主体都应该是医生。美维CEO朱丽雅是一名优秀的牙科医生，这让我相信，美维将以医疗质量为其发展准绳。"说到这，郭平川信心满满。

作为美维的创始合伙人，朱丽雅是口腔健康领域难得的"医疗+管理"复合型人才。毕业于上海交通大学口腔医学院的她，不仅是美国加州大学种植硕士，还曾就读于同济大学EMBA，更是密歇根大学的访问学者。长期任职外资连锁齿科集团的履历，让朱丽雅对行业有着独特的认知与洞察，并深知行业痛点，因此才极为重视医疗质量的把控。

注重医疗质量是美维口腔医疗集团的根本，所以到美维旗下各口腔机构来看牙的患者，最不用担心的就是医疗质量。同时，美维不仅创始人和高管团队多是医生出身，各个大区的管理者也几乎都是牙科医生，这是美维与市场上现有民营口腔连锁品牌的一个显著差别，这非常利于美维把控医疗质量和预判行业发展趋势。

为有效提升旗下各口腔品牌的医疗质量，美维集团在各大区设立首席医疗官一职。首席医疗官一般由该大区学科带头人或某口腔医院院长担任，主要职责包括医疗风险的把控、医疗技术的提升、医疗标准化的推动三方面。

针对民营口腔的这一瓶颈期，美维引入国际权威医疗认证机构DNV GL的认证体系，根据国内口腔领域的具体情况，创建国内首套口腔医疗管理体系和医疗标准体系——"M+"管理认证体系。"M+标准"两个阶段的发展目标。第一阶段，美维通过"M+"管理认证体系的全面建设，将旗下口腔医疗机构打造成集学术化、精细化、数字化、舒适化、信息化为一体的国际化口腔医疗机构；第二阶段，美维侧重将"M+"标准体系，打造为中国老百姓选择口腔机构的一个重要标志。

按照美维的规划设想，在不远的未来，悬挂"M+"标志的牙科诊所，将不仅意味其已加入美维口腔大家庭，更意味它将严格秉承"M+"标准，有效控制医疗质量与风险，提升医院运营效率，加强成本控制，鼓励创新与技术改进，提高患者满意度。

聚焦学术　布局人才培养

推进医疗质量的标准化有一个前提条件，即各口腔医疗机构首先要有足够多的高素质人才。人才问题是每一个基层民营口腔医疗机构遇到的共同难题。目前口腔行业最大的竞争还是人才的竞争，要想在市场上占据主导权，首先要重视人才。

为帮助旗下所有口腔品牌补充人才、培养人才，美维作出了一系列布局。在吸引人才方面，美维通过集团力量，以多种方式助力旗下口腔机构搭建人才梯队。以广东地区为例，为对口吸引优质口腔专科人才，美维通过集团与广东医科大学达成战略合作关系。美维每年将通过奖学金或助学金的设置，引导优秀的口腔专科人才输出到美维旗下口腔机构。此外，美维还与湖北科技学院、天津医科大学等院校达成合作关系，并携手湖北科技学院共建附属口腔医院。美维希望这样的合作，能为品牌的后期发展培养更多有潜力的医生，成为美维发展的人才保障之一。

然而，成功引入人才以后，如何才能留得住？随着民营口腔市场的逐渐放开，各口腔品牌都在争抢人才，如何才能加强自身品牌对于人才的吸引力？对于医生来说，除了看重薪酬是否体现其劳动价值外，更多考虑的是平台背后的资源和个人能力的发展。当医生认可平台本身以后，就能增强其稳定性。

毫无疑问，美维做到了这一点。定期开设视频培训课程，邀请业内专家亲赴现场进行技术指导，举办口腔病例大赛，召开大型国际学术论坛……美维构建了完善而强大的培训体系，不仅能够增强医生对于美维平台的认同，还有效激励旗下各品牌的口腔医生努力追赶学科顶尖水平。美维的医生能感觉到美维这种大平台，带来的资源是不可替代的。

随着生活品质的日益提高，人们对于口腔健康的需求也在不断提升，作为民营口腔连锁机构中的佼佼者，郭平川认为爱齿应该承担起更多的责任与工作，树立榜样的力量，引导口腔行业更加规范化、合法合规、科学有序地发展，其中最重要的一点就是要回归医疗本质，无论后续如何变化调整，一切都应该是以医疗为中心，只有重视医疗本质，坚持科学指导，不断精研技术，才能有效为民众解决医疗问题，早日实现全民口腔健康！

物理学上说，白光是由红橙黄绿蓝靛紫七种光芒混合而成的，纯白为底色，为本色，而七彩，只会让白色更美，让本色更真。这就像郭平川的人生，全民口腔健康是其本色，民营口腔建设汇聚七彩，而其医疗本质在璀璨的创业之路的映衬下，更显本真。缘分、际遇、过去、未来，都融合在这纯色的光芒里了……

第八章
> 中国民营口腔长足发展 <

专业，才是你立足一生的资本。

——郭平川

随着国内居民收入的提高，人们对口腔医疗也将更加重视。加上我国的人口基数优势，口腔医疗行业呈现巨大的市场空间和发展前景。国家政策也在鼓励社会资本积极进入，民营医疗机构面临着前所未有的政策机遇。

特别是2009年新一轮医改后，我国民营医院进入快速发展阶段。2015年，民营医院数量首次超过公立医院，与公立医院的数量拉开了差距。民营医院已占全国医院总数的62％。

随着《"健康中国2030"规划纲要》的推出和全民健康口腔意识的提升，中国口腔尤其是民营口腔治疗机构逐步迈入了行业发展的盛夏。

第一节　天津爱齿口腔医院挂牌

星光不问赶路人，岁月不负有心人，如果心中有梦，只管去追。只要朝着自己选定的方向一往无前，星光也会为我们照亮前行的路。暗夜，月色清明，哪怕孤身一人，也不要轻言放弃。因为，还有星光陪你。彼岸的光，都是希望。要相信，时光不会辜负于人。终究"守得云开见红日，拨开云雾见明月"。

2019年4月26日上午，爱齿口腔医院作为天津首家二级专科口腔医院盛大开业，其开业典礼在天津金融街中心举行，这是郭平川爱齿口腔连锁店继天津河西欣爱齿口腔门诊（河西总院）、天津爱齿口腔门诊（和平分院）、天津上谷爱齿口腔门诊（南开分院）、天津爱佳口腔门诊（开发区分院）、天津爱馨口腔门诊（河北分院）五家诊疗服务中心后的第六家分院。爱齿口腔医院的成立，终于圆了郭平川自下海以来的夙愿——成立一个口腔医院。

郭平川在开业仪式上表示："这家医院的开设将为天津市民看牙提供更大的便利，在家门口即可享受高端专业的一站式口腔医疗服务。"天津口腔医学界的众多领导出席了此次开业典礼，并参观了院内舒适的诊疗环境及高端医疗口腔设施。

现阶段的爱齿口腔在医疗设备方面再次走在了前列，配备了全面的数字化医疗设备，包括引进数字内窥镜、3shape口扫、全景扫描机、德国卡瓦巴顿牙椅、三维CT等，使口腔检查诊断更科学、更全面、更准确。同时爱齿口腔还配备了放大镜系统，将传统的医生自然观察诊断升级到显微观察，极大地提高诊断的准确性，降低了治疗误差发生率，安全系数大大提高。

受到广州之行的启发，郭平川配备了儿童专用的看牙椅。孩子们可以坐在上面观看动画片，让看牙的过程变得轻松有趣，孩子们再也不会觉得看牙是件很恐怖的事情了。另外，给儿童治疗的牙医也都是具有丰富经验的专业儿童牙医，耐心温柔，能够有效安抚儿童患者。

应用全新的口腔CT扫描机，顾客只需优雅地坐在仪器上，CT片刻就拍好了，这样的口腔检查简单有效、节约时间。3shape口腔扫描仪呈现出来的3D牙齿模型图超级精细，堪称牙齿治疗界的黑科技，扫描探头一人一用一消毒，干净卫生，避免交叉感染。新科技的应用既免除了老式"咬牙模"带来的干呕痛苦，也大大缩短了治疗的时间。

长期以来，爱齿口腔非常重视与国际医疗技术的接轨，创立之初就实行了丹麦口腔四手操作规范，专注致力于为患者带来更好的服务体验。医院邀请了数位国内外专家坐诊，设立多语种翻译，秉承"专业、爱心"的服务理念，已为十几个国家和地区的上万名中外人士做了牙齿保健和治疗，在天津享有较高的信誉。

第二节　专业是立足之本

专业，才是你一生的立足之本。也是一个人赖以生存的资本，它是困境中让你前行的力量，绝望中支撑你走下去，给你信心的能量。

自1986年起，郭平川从医至今已四十余年，多年来他与时偕行、精益求精，深耕口腔种植专业之中。他是实行半口种植技术和开展口腔种植时间较早的民营口腔医师之一，熟练地掌握口腔常规疾病的诊断和治疗，并在牙齿种植方面有着颇深的造诣。尽管日常工作繁多，郭平川也丝毫没有放松对自己的要求，充分利用工作之余的时间进修学习，并且不断完善中国种植学科建设。

从十六岁入学的那天起，郭平川就喜欢上了这个专业，也注定了他与口腔此生的缘分。郭平川年轻时曾专门下乡给农民和学生看牙、拔牙、补牙，在医院牙科工作时每天要给二十个病人解决各种口腔问题，即使当了院长也坚持一周4~5次门诊。后来，他开始集中精力钻研牙齿种植，学历低，他就借来专业教材自己学习，泡在书山学海中研究病例；不懂外语，他就录下对方发言内容，一字一句请人翻译，多年来始终坚持潜心研究，深耕口腔种植这一领域。从一个爱做木工的小小少年到国际知名的种植专家，郭平川获得了无数国内外奖项和荣誉。

"我这一辈子基本上只干了这一件事儿，其他的都没干好，只在口腔这个专业还比较得心应手，像口腔全科的补牙、拔牙、根管治疗、无牙颌的修复、固定桥的修复等，我都能做到游刃有余。"

潮汐有升有落，可是当它满满地呈现在你面前时，你该做的事是安静地坐下来，观察它，享受它和感激它。生命的用途并不在于长短，而在于我们将怎样利用它。

"我是中国较早做种植的人，也是开发国内第一台口腔种植机的人。在这个过程中，我幸运地认识了国内外一些种植领域的鼻祖人物，这让我终身受益。例如中国口腔种植之父刘宝林教授、华西的陈安玉教授和王模堂教授、台湾的种植专家林嘉俊，还有北大的林野教授。林野教授是我最崇拜的口腔领域的专家之一，他是把当时国际上最正规最先进的种植技术引进国内的第一人。上颌窦侧壁的抬升、上颌窦的骨脊牙即刻种植即刻修

（2014年，第七次中国民营口腔年会）

（2018年，第五届口腔种植专业委员会第四次常务委员会议）

（2018年，中华口腔医学会第五届理事会第三次理事会会议）

复、无牙颌的即刻种植即刻修复、内骨牵引技术、环状植骨技术等，我们现在口腔种植流行的所有技术都是由林野教授最先开发和在临床上推广的。"

郭平川是中华口腔医学会种植专委会里唯一一个任职于民营机构的三届委员、两届常委。郭平川参与了一些国家卫生部当时对口腔种植技术规范的制定，还在天津参与了配合这个文件的执行。文件停止后全国有十六个省市仍然执行这个文件，天津市卫健委设定为"限制类技术"。郭平川同时还在天津负责所有民营口腔诊所种植的审批和审查，当时有一个伦理委员会，他担任主任委员，他们的审批和审查通过了以后，卫生局才会颁发种植执照。此外，郭平川还任职《中华口腔政治学杂志》的编委。

郭平川在天津率先做了无牙颌种植，同时他也是第一个开展即刻种植即刻修复工作的，后来他还开发了环状植骨技术，填写了天津市卫生系统技术的空白。此外，他也一直专注于引进国外的成熟技术，进行临床试验实践后，把这项技术普及推广，应用到牙病患者身上。

这些年来，郭平川亲身见证了中国种植技术的成长。"刚接触种植牙手术时，大家对种植牙还很陌生。别说普通人，就是一些口腔医生也不太主张做种植，认为存在种种风险。如今无论种植体材料，还是种植技术都有了非常大的进步，成功率已经达到相当高的水平。种植牙病例从最初每年只有几百颗，到如今已经达到了近四百万颗，仅民营种植量就超过了50%。"

作为民营口腔医疗领域的领军者，郭平川操作过很多复杂的种植案例，他从未停止在学术、科研之路上的探索创新，在高难度口腔种植技术等方面积累了大量病例和丰富的经验，并取得了丰硕的成果。

一个好牙医，除了要有专业、专长的医术，更要用心去呵护患者，对患者负责。在职业生涯中，郭平川最开心的事情就是通过专业的种植和修复技术让患者获得满意的好牙，让患者的微笑曲线变得更加美丽，整个人也都变得更加自信。这就是让他一直坚持做下去的动力。"我是一名口腔医生，希望有生之年一直以医生的专业和严谨要求自己，继续为更多的人解决口腔问题。"年过六旬的郭平川说出的这句话，代表的不止是他，更是他们那一代口腔获得者对专业初心的坚守。

第三节　不断钻研，提升自我

推动医疗人员技术方面的自我完善提升、操作方面的专业化的培训，是驱动整个行业发展的原动力。

"我虽然学历不高，也没有机会进入大学接受系统的学习，但我一直坚持边工作边学习，不断地掌握新的知识和技术，始终保持别让自己掉队。关于种植这个领域，实际上在我十九岁的时候就开始琢磨了。牙拔掉了怎么才能把它再镶回去？假牙怎么才能达到真牙的效果？接触到种植以后，我的兴趣点就全部被激发出来了，而且一发不可收拾。"郭平川对学习如饥似渴，不放过任何一个学习的机会，每次国际专业研讨会他都积极报名参加，即使听不懂外国专家的演讲内容，但他会通过专家播放的资料自己琢磨，虚心请教，直至搞懂其内容的重点。

　　没有人随随便便就能成功，做任何事都要反反复复地研究思考，不厌其烦地纠正改错。起初，郭平川有时做完种植手术后也是提心吊胆、忐忑不安。"能不能长上？会不会感染？有没有把病人的上颌窦打漏？手术当中患者怎么出这么多的血？"

　　当你担心的问题出现了，该怎么解决呢？那就要总结，然后去找解决问题的正确方法，那方法又来自哪里？你就要去查资料、去求教，去听课、去观摩。今天解决了这个问题，明天再解决下一个问题。厚积薄发，这需要一个长期的积累过程。这需要考验你的忍耐力。在这个世界上，根本不存在所谓的捷径，更不存在什么成功的法宝，一个人的成功，靠的是不断的努力和积累，当积累到一定程度的时候，你就比别人做得更好，你就能够脱颖而出，这才是成功的关键。如果做到了这一点，那么你就会成功。当你为一个病人做好了种植手术，下一个病人就自然会来找你，之后你的病人就会越来越多。

　　"我遇到过这样的医生，刚学一点皮毛就跑去坐诊，心里想着反正是别人的牙齿，治好治坏都没关系。更有甚者，明明种植一颗牙就可以了，他却偏和患者说需要种植两颗牙。就是为了利益，丢失了一名医生的医德。"

　　郭平川经常对年轻人说，你们不要懒于学习，羞于交流，而应该积极地与你的同行、上级、老师去交流，还要做到虚心请教，不耻下问，即使对方烦了你也不要退缩；更要走出去和全国的同仁交流，如果外语好还可以和国外的同行交流。

　　郭平川从年轻时便一路摸索，磕磕绊绊地前行着。"我的英语很差，国际会议除了讲英语就是讲德语，还有人用法语讲。参加这样的国际会议，基本每次我都需要翻译的帮助。我经常要'看图识意'，根据幻灯片上的图片来理解。"现如今，随着互联网的普及，所有学习资源近在手边，所以很难想象当时国内的会议很少，很多的技术都要到国外去学，去国外找资料的艰辛。殊不知，正是这一门槛，拦住了多少人的成长路。当时很多人是没机会出国，还有一部分是嫌麻烦不愿出国，而郭平川凭借自己"不断钻研，提升自我"的精神走出国门，学有所成。

"我本人更愿意听学院派的课程，听听大师们是怎么说的。当然，我也不排斥一些年轻医生的讲座。作为一名医生一定要掌握我们这个行业的最新技术，因为新技术是我们立于不败之地的一个锐器。然后要把这些技术、方法应用到临床上去，让更多的患者享受到更好的治疗。"

郭平川只做了一件事，就是坚持做口腔，把口腔医疗技术发扬光大视为己任。今年他六十六岁了，仍然在学习的路上。

"如果你喜欢一件事，想要把它钻研下去，这样会提高和升华自己，所以悟性来源于你不断地学习和提高。你懂得的知识丰厚了、广博了，你对这项技术的感觉就有了，有了感觉你的悟性就高了。"

这几年郭平川把更多的学习机会让给了年轻人，但他还是会参加种植体的年会、EOO 的年会等一些有原则性、指导性、标准规范性的会议，尤其是世界性的技术交流会议。只有多倾听外界的声音，才能督促自己不断学习、不断进步。他还与时俱进，在互联网发达的当下，通过网络来接触口腔领域，特别是在口腔种植方面的一些新技术、新动态。

"虽然现在口腔医学依然是在国外高新技术的引领之下，但国内许多优秀的口腔医学专家在理论论文、实操技术上也都在突飞猛进。"

郭平川现在正在研究最新的种植导板软件，目前已经投资了二十多万元，用来购买德国的导板机和软件。随着以修复为导向的种植技术的不断发展，对种植精准度的要求也不断提高，数字化导板技术在临床的应用也越来越广泛。郭平川早已看到了口腔种植的这一发展趋势，"数字化导板技术的应用极大降低了病人的痛苦程度，提高了精准度。而且这种技术也可以更好地促进种植外科医生的培养。"

郭平川：中国民营口腔的探索者

第九章
> 医者初心 <

要守住初心，更要守得住初心。

——郭平川

　　初心铸魂，匠心筑梦；医者初心，坚守致远；仁心仁术，仁爱救治。郭平川少年时就有一个口腔医生的梦，而真正成为一名医生后，才明白"医者"二字赋予的意义不仅仅是精湛的医术，更是责任和仁爱。

　　选择医学，意味着走上了一条追逐完美的道路。医路漫漫，道阻且长，上下求索，孤灯难寐，宵衣旰食，每个人都忙碌得像个停不下来的陀螺。重压之下，有的人放弃了，开始安于现状；有的人倦怠了，渐渐淡漠了当初的誓言。

　　心有情怀才会坚定前行。郭平川不仅自己为中国的口腔医疗事业兢兢业业奉献着，还为现在及未来人才的培育殚精竭虑着，初心始终如一。

第一节　郭平川奖学金

　　郭平川一直与学院派关系密切，这一路走来，他从学院派那里学到了许多正规的理论体系和专业知识。天津医科大学口腔医学院作为华北地区历史悠久的一所专业口腔医疗院校，是天津输出口腔专业人才的摇篮。

郭平川在河西区口腔医院任院长的时候，每年都想方设法到天津医科大学口腔学院要几名优秀的毕业生给他。"那时天津只有一家口腔医学院，南开大学是最近两年才开设的口腔专业。从开始的河西区口腔医院到现在的爱齿，大部分口腔医生都是来自我们天津医科大学口腔医学院的毕业生。"

"天津医科大学口腔医学院里有很多是我们爱齿员工的同学和老师，口腔医学院的院长也是我的好朋友，我们经常一起参加或者组织各种会议。天津医科大学口腔医学院的创始人史书俊院长退下来以后，我们还非

（天津医科大学"郭平川奖学金"成立仪式现场）

常荣幸地邀请他来爱齿口腔做了几年的顾问。"

为了表示对学院的感谢，郭平川找到天津医科大学口腔医学院现任的李长义院长，向他表达了想给学院捐助款项作为医科大学口腔医学院奖学金的想法，希望能资助一些品学兼优、刻苦勤奋及家庭经济困难的医学院的学生，尽自己一点绵薄之力。

郭平川深知医学院的学费相比一般院校高一些，而且还有较为漫长的实习期，实习费用也不低，对于家庭条件困难的学生来说，这是一个较为艰难的过程。导致一些原本想学医的学生因为这些原因一开始就放弃了。惜才的郭平川不忍心这些孩子这么早就放弃了自己的理想，希望尽己所能地给予他们更多的帮助，让他们能更坚定地走下去。

李院长得知郭平川想赞助奖学金的事情后非常高兴，他欣喜地对郭平川说："郭平川这个名字在天津口腔界很响亮，您是许多学生崇拜的偶像，更是我们学习的旗帜。以您为榜样，激励学生们锐意进取，对学生的未来成长能够发挥积极的引领作用，我们希望有更多的学生像您一样为祖国的口腔事业奋斗一生。"因此，李院长建议用"郭平川"的名字来命名奖学金。

榜样的精神是一种向上的力量。一个人的成长过程就是不断向榜样学习靠近的过程，信其师，则信其道；信其道，则循其步。榜样的力量一直是青年大学生前进的强大推动力，它引领着青年大学生不断成长。尽管面临着前路未知的坎坷，但在榜样力量的感召下，青年大学生一定能披荆斩棘、乘风破浪，肩负起实现中华民族伟大复兴的重任。

2017年6月6日，美维口腔医疗集团携爱齿口腔和天津医科大学正式签署了"郭平川奖学金协议"，拉开了校企合作的大幕，也为贫困学生们构建起一座求学成长的桥梁。

（中国工程院院士赵铱民教授亲自为获奖者颁奖）

最初，学院决定每两年颁发一次奖学金。学院围绕"郭平川奖学金"每年给学生们举办一场叫"名师讲堂"的演讲，邀请国内著名大学的校长或者口腔学院的院长来给学生们分享他们观点、视角及价值观，内容涉及多个层面、不同维度。通过名师讲堂，师生不仅了解了口腔专业新知识、新发展、新理念，体会到作为医生应当具备严谨的科学态度与大胆的创新精神，更是开拓了学生的视野和认知，更加深了学生对专业领域、社会形态以及人生哲学的深入了解，充分传递出为医者应以口腔事业发展和维护患者健康为己任，不忘初心，砥砺前行，为推动高水平大学医院建设，为提高人民口腔健康水平贡献一份力量的精神。

学院首次颁发奖学金是在2019年新冠肺炎疫情暴发之前，口腔医学院全体师生二百五十多人全部列席，并邀请了中国人民解放军空军军医大学（简称四医大）的副校长、中国工程院院士赵铱民教授做本次名师讲堂的主讲人。赵教授是四医大口腔医学院的院长，军官出身的他拥有少将军衔，并兼任着世界军事齿科学会主席，而且他还是国内第一位发明口腔种植机器的专家。他通过自己的经历，告诉学生走向工作岗位以后应如何壮大自己，如何在口腔领域熟练掌握各种先进技术。这场热情洋溢的演讲结束后，赵教授与郭平川亲自给获奖学生颁发了奖学金。

在这次捐赠仪式上，郭平川感到非常开心和欣慰，"虽然奖学金并不多，但能帮助学生们走上一条完全不同的道路，这是一件很重要的事，我很庆幸我能真真切切地帮助到他们。"学院把仪式办得非常隆重，在主席台就座的郭平川内心更是抑制不住的激动，其中一部分的原因是他并没有真正上过大学，但又非常向往大学生活，看到朝气蓬勃的学生们，除了羡慕之外，更多的是想融入他们。

"2020年我准备进行第二轮的捐款，但天津医科大学口腔医学院却坚决不收。校领导表示，因为新冠肺炎疫情原因，整个民营口腔都遭遇了非常大的损失，很多机构甚至都面临停业，这个时候他们都希望大家能先渡过困难。好在今年疫情算是稳定控制住了，大家都基本恢复了发展，我们爱齿在集团的带领下，还是有不错的收益。在今年6月份，2021年度捐赠顺利完成。这次还邀请了北京大学口腔医学院的党委书记、副院长周永胜教授为学生们演讲，未来我希望我们与口腔医学院的合作能更紧密。"为了打消医学院领导的顾虑，郭平川最终以个人出资形式，与院方达成一致，继续资助。"既然这个奖学金是以我的名义来命名的，未来的十年，二十年，我希望能尽可能地将捐助继续下去。"

　　没上过大学是郭平川人生中的一件憾事，做不了"天之骄子"其中的一员，每每想来他心中都难免感到一丝遗憾！如果人生能重来，他多么希望自己能走进那座"象牙塔"，成为莘莘学子中的一员，过着多姿多彩的大学生活。驻足校园里古老又极富文化气息的图书馆内，轻抚那一本本略带历史沧桑感的名著；坐在阶梯教室里聆听教授们那激昂的演讲；绿荫下清风习习，与三三两两的学子们一起坐在树下静静地阅读；成为操场上奔跑、跳跃中一个个健硕年轻的身影之一，青春四射、激情飞扬……

　　怀揣着少时难圆的梦想，郭平川想把这个遗憾给弥补回来，因此他十分重视儿子的教育，从幼儿园到小学，中学，再到高中，郭平川都尽力让他念天津最好的学校。儿子也很争气，学习之路上一直是学霸，后来还考上了美国的文理学院鲍登学院（Bowdoin College）读大学，这个学院在全美文理学院里排名第五。本科毕业后又考上了康奈尔大学一直读到博士，回国后又在浙江大学继续进行博士后研究，同时还在上海交通大学攻读了工商管理硕士MBA等。他的这个"学愿"算是间接得以实现。

　　"我特别希望能够一直资助下去，其实用不用我的名字都没关系，关键是能真正地帮助到那些学生们，尤其那些品学兼优但家庭又比较贫困的孩子们，能够让他们把书好好地念下去，不需要为钱而烦恼，这是最让我感到快乐、满足的一件事，也是我到老了更想做的一件事。能为教育、能为我们这个专业做一点点贡献，是我的一个心愿。"

　　值得一提的是，2021年度天津医科大学口腔医学院名师讲堂邀请到的周永胜教授是北京大学口腔医学院的党委书记，他在口腔界久负盛名。北大口腔在全国来说都是数一数二的，它与华西、上海交通大学的口腔医学院，以及原第四军医大学现在叫空军医科大学，曾被并称为口腔医学界的"四大家族"。

周教授和郭平川此次一起颁发了一等奖和特等奖，在名师讲堂环节中，周教授给学生们做了题为《全流程数字化口腔修复的实践探索》的演讲。北京大学口腔医学院一直是引领国内口腔数字化研究方面的先遣部队。最初，周教授看到郭平川对于捐赠如此积极，还以为郭平川是天津医科大学的校友，在得知郭平川只是出于口腔人的一腔热忱，希望对天津当地口腔医疗事业发展有所助益后，对郭平川的行为十分欣赏、赞誉有加。

"这是一项值得我长期坚持下去的一项工作。也算是我这个早期下海的牙科医生为社会、为学校做的一点点回馈。"与此同时，郭平川与天津医科大学口腔医学院还在积极地做着沟通和调整，除了常规的奖学金激励外，还可以再采取一些校企合作的形式提供给学生们更多的学习机会，给学生们更深层次的帮助。

在这次奖学金颁发的仪式上，李院长建议郭平川给学生们也分享下爱齿口腔的故事，但是郭平川并没有这样做，他只是简单地向学生们分享了一些他曾经的成长故事，以及为医者应当坚守的品格。他认为对于爱齿口腔的认知应该是让学生们自己去认可的一个过程，他不会也不愿意在这个如此神圣的时候去推广他的爱齿口腔，因为他的出发点是如此的纯粹，学生们只要知道有这样一个可以让他们更加安心学习的奖学金就足够了。

郭平川在颁奖现场对获奖学生给予了肯定与鼓励，并寄予厚望，他希望天津医科大学口腔医学校的学子们勤奋学习、全面发展，不断提高为党、国家和人民服务的本领。此外，除了对口腔医学院品学兼优的在校学生进行长期资助外，爱齿口腔未来将携手美维口腔医疗集团继续将校企合作贯彻到底，为学子们提供更多实习机会，根据实习医生发展方向安排相关专业的成熟医师带教，实操教学，为学子们未来就业提供指导与帮助。

在过去的岁月里，我们都在迫切想要寻找的是另一个自己。寻找那一个梦想中美好坚强执着睿智有价值的自己。有时候努力了很久，却总是得不到自己想要的结果。于是就傻傻坚守着那份初心，哪怕自己早已遍体鳞伤。

人生充满着抉择。当夕阳与黑夜相遇，你是否会为那最一刻的灿烂而奋不顾身？当现实与梦想相悖，你是否会为曾经的初心而坚守着？

第二节　培养人才回馈社会

在吸引人才方面，美维口腔医疗集团通过集团的力量，以多种方式为旗下口腔机构搭建人才梯队：创立"产学研创新联盟"战略目标，与国内各大知名医科大学、院校达成战略合作关系，吸引对口的优质口腔专科人才，并向旗下口腔机构定向输出；同时依托名校名师资源，搭建各类学习论坛、培训课程等，为旗下机构定期开展交流培训，让优秀医师资源得以沟通学习，取长补短。此外，美维口腔还将与各大医学院共建附属口腔医院，增强人才培养计划，培养专业精尖人才。在这些战略目标的不断开展落实下，作为旗下优质品牌的爱齿口腔深受其益。

　　"我们的医生能感受到美维这种大平台带来的资源是不可替代的，这样的合作能为品牌的后期发展培养更多有潜力的医生，从而成为口腔发展的人才保障之一。这是一个非常完善的良性循环体系，也是我们爱齿口腔加入美维的原因之一。"郭平川欣慰地表达着自己的感触。

　　加入美维后的郭平川如鱼得水，根据科室工作需要，安排人员到国内优秀的医院进行学习和交流。每年还定期派团队出国考察，鼓励科室骨干人员到国外著名医疗机构学习先进医疗技术、参加国际学术交流会议。为促进临床医疗技术的提升，还定期开设了视频培训课程，邀请业内专家亲赴现场进行技术指导，举办口腔病例大赛，召开大型国际学术论坛……

　　郭平川积极建立和完善医院人才培养机制，通过制定有效的岗位继任者和后备人才甄选计划，合理地挖掘、培养后备人才队伍，建立医院的人才梯队，为医院可持续发展提供人才支持。

中青年留学专项基金

　　为促进优秀中青年人才的成长，加强学科人才建设，郭平川和集团计划设立优秀中青年留学专项基金，资助优秀中青年人才出国留学，开阔视野，学习深化国际技术，期待他们回国后能更好地融汇所学，为提升国内口腔医疗技术水平贡献力量。该项基金要求申请者年龄一般在五十岁以下，具有大学及以上学历或具有副高级以上专业技术职务，医教研水平突出者优先。根据所去国家不同，每人可获得所去国家六个月的基本生活费及往返旅费资助。

管理岗位培训

郭平川计划在院内或科室内安排后备人选及青年学术骨干进行相应的管理岗位培训，提升其组织能力和管理水平。原则上两年为一周期，每一年进行一次全面考评，及时筛选调整，动态管理，经医院领导们评议连续两次考核不能达标者将退出后备人选。经过这几年的努力，爱齿口腔医院人才培养体系已逐步完善，培养成果已初步体现，基本上形成了良好的人才梯队，各类专业人才均在自己的岗位上为医院发展发挥着重要作用，大家也有着极好的人才向心力，人员流动趋于稳定。

意境经过洗练，用词经过推敲，才能百炼成钢，达到精妙境界。赋诗如此，人生亦是如此。没有一蹴而就的完美，只有千锤百炼的努力。世间本就没有一蹴而就的成功，只有滴水石穿的力量。鲜花、掌声的背后永远都只是日复一日、年复一年的艰辛付出。

娇艳的花，人们只惊羡她现时的明艳，然而当初她的萌芽，却早已浸透奋斗的泪泉……

郭平川作为一名普通又平凡的医者，用他顽强的意志、固守的初心、坚定的使命，书写了一章章温暖又不平凡的诗篇，初心不改，践行守诺，默默地砥砺前行……

第十章
＞医者仁心　坚守两性＜

为医者，要时刻谨记两性原则，

即"德性"和"悟性"。

——郭平川

医生是一个神圣的职业，作为医者，要时刻谨记"两性"原则，即"德性"与"悟性"。德性是医者必备的医德、道德与法治观念。悟性则来源于孜孜不倦的日常学习与工作，素材积累，与时俱进，自我的不断完善。

医者仁心，源于医生对医疗事业的责任感，对生命至上的敬畏，表现为对职业操守的坚守、对生命奥秘孜孜不倦地探索，和对患者如家人般的关爱。

坚守医者仁心和精诚匠心，弘扬和传承工匠精神，敬佑生命，不负初心。

第一节　德性

"才德全尽谓之圣人，才德兼亡谓之愚人，德胜才谓之君子，才胜德谓之小人。"司马光在其著作《资治通鉴》中曾以此标准来评判一个人，并且感慨："传位授业，若不圣人君子，宁与庸人不与小人。"可见，无论做人做事，德字为先，故说德性乃为人性首要。

创办自己的民营口腔品牌的二十多年里，郭平川遇到过形形色色的人，有偷他发票、害他入狱的骗子；有为了节省成本，以次充好的民营主管；有为了多赚钱，过度医疗的医生……但郭平川一直把"德性"作为自己的座右铭，他深知作为一名牙医要坚守医德，坚守职业操守，不能丢的是做人的品格。"医生就是你的职业，在医生的眼里病人是没有高低贵贱之分的，不能因为他没钱，对他态度就不友好，也不能因为他有钱，就刻意去讨好他。正所谓，医者仁心，有救无类。想让大家都信服你，你就该做到医生该有的样子。"

"我们要从医生的角度出发，只要躺在这儿就是我的病人。不管外面发生多大的事，都要认真地把这个病人的病痛解决掉，决不能马马虎虎，糊弄病人。"这是郭平川的一条铁律，雷打不动。

一次，郭平川医院里的一位员工结婚，他受邀请做证婚人，但直到结婚典礼开始时，他这位证婚人还没有到场。之所以迟到，是因为郭平川事先预约的病人临时有事耽误了就诊的时间，其实他完全可以和病人另约时间，但他坚持不能让病人白跑一趟，所以还是等病人到达后认真看诊并处理完善，再匆忙赶到婚礼现场。虽然婚礼的仪式已经过了半小时，但了解原委后的这对新人对郭平川的医德更是肃然起敬。

郭平川对爱齿新生代的医生制定了一个必须遵守的规定：对待病人绝不能敷衍了事，坚决杜绝医生为了钱而坑害病人，不允许过度种牙。"种一颗牙就足够的情况下，为什么要种两颗？我非常看重医生的医德，只有德行好，才配当医生。如果一个人以赚钱为目的去对待自己的病人，那永远都不可能成为一名好医生。"

"有些医生来我这儿面试，开口便说，我到您这儿来就是想要挣钱，我特别不喜欢他们的这种说法和心态。这样的医生，我们爱齿不欢迎。"

专业，是医生必须要具备的。在郭平川看来，口腔医生除了要有过硬的专业技术，更应该向全科发展。尤其在无牙颌种植中，主体多为老年人，手术创伤较大，风险性较高，在进行手术方案设计前务必对其身体的疾病要进行全面系统地了解及探讨。

郭平川认为，一个对自己前程负责任的人，就应该在自己的业务上精益求精，不断地完善自己的专业知识和专业水平，踏踏实实地学好自己的技术，学好后再去给病人解决疾患。别刚学一点皮毛，就赶忙给自己找一份工作开始看病，这样的医生注定不会有大的发展空间。

从理论上来说，资本和商业都是希望利润最大化，但是作为医生务必要坚持自己的原则。"你要多问问自己的内心，我这么做对吗？作为一名医生一定要守住自己的道德底线。"

人的品格要具备良性，良性就是德性和悟性，而德性是说要有职业操守和职业底线，是人性成熟和完美的重要标志。

第二节　悟性

悟性是对事物理解、分析、感悟的能力，是一种智慧的体现。悟性的高低源于对事物的探索和研究的程度。悟性高，知天晓地，明古道今，运筹帷幄，决胜千里之外。而悟性的提高则是依靠自己的喜欢和钻研。懂得的知识多了，对这个事情的感觉也就有了，有了感觉悟性自然就提高了。

郭平川一直保持着出国进修的习惯。"这几年相对以前出去得少了，把更多学习的机会让给了年轻人，但我还是会参加一些有指导性、标准规范性的会议，尤其是世界性的技术交流会议。只有多听听外界的声音，才能督促自己不断进步。而且很有可能今天你学的这些知识，一年后就会被淘汰，所以要不断地去吸取补充新的知识。让自己始终保持不败的优势。"

郭平川对口腔医疗行业里出现的一切新技术、新设备，都充满了探索和学习的热情。在四十余年的口腔临床医疗工作中，他多次参加欧洲种植学术会议及各种研讨交流，熟练掌握了国际多个种植系统的种植技术，发表了十多篇口腔种植论文。他表示，虽然现在口腔医学依然是在国外高新技术的引领下，但国内许多优秀的口腔医学专家在理论和实操技术上都有突飞猛进的发展。只有不断精进自己的学术、实操，才能更好地继续为民众看病，解决困难。

"一定要随时随地掌握最新技术，新技术是我们能够立于不败之地的一个利器，要经常走出去学习，要去听一些学院派的讲座，听听他们讲的正规的方式方法，更要多听一听名师的讲座，听听业界大咖们是怎么说的。当然也不排除听一些年轻医生的讲座。因为他们的思维更活跃，随时都有新的观点迸发而出。"

郭平川回忆起，爱齿曾经有位做了很长时间正畸的医生，某一天突然决定要改往种植方向。"他的转变让我很诧异。这位医生之前很少涉及种植技术，也没见他参加过任何与种植相关的研修班。我曾经提醒过他要去外面观摩学习，他却说没有可以学习的渠道，什么叫没有渠道？我们爱齿每天都在分享各种学习的信息，他都不闻不问，似乎补充专业知识对他来说根本不重要。当时我立刻暂时停掉了他的初诊。这样不爱学习的医生走不远！"

为了让自己一直站在国际口腔领域的最前沿，郭平川一直活跃在国内外各类口腔学术会议和论坛上。2020 年中华口腔医学会口腔种植专业委员会第七次专题研讨会上，郭平川做了题为《无牙颌的种植外科方案与风险控制》的演讲，他提到无牙颌种植中咬合重建非常关键，这需要强大的外科修复基础，有时甚至还涉及穿翼、穿颧等大型手术，这些在民营口腔中相对是弱项，要考量患者的全身状况，在基础性、综合性全面抢救等项目中还有很多不足，仍需加强学习。

古今成大业、大学问者大都经过三种境界："昨夜西风凋碧树，独上高楼，望尽天涯路"，这是第一境界；"衣带渐宽终不悔，为伊消得人憔悴"，这是第二境界；"众里寻他千百度，蓦然回首，那人却在灯火阑珊处"，这是第三境界。

学习是一辈子的修行。也是一个孤独的旅程。需要"独钓寒江雪"的耐力与坚守。尝试着把学习作为一种生活的常态。在生活中利用一些碎片时间来慢慢学习与积累。拓宽认知的边界，发现有层次的风景，从而拥有一个完整的世界。

第三节 坚持医者工匠精神

从二十四年前拥有第一家私人牙医诊所，发展到今天的二级口腔专科医院。郭平川是一位锲而不舍的逐梦人，在这方热土上勤勤恳恳地耕耘他一生的理想。二十多年的苦心经营让他获得无数的表彰，以及一项项科研成绩的突破……这一路的发展、变革，都离不开他的"工匠"精神。

郭平川可谓是民营界的口腔医学领域翘楚，妙手愈病患。全口微创种植即刻修复是目前口腔种植领域的尖端技术之一，需要具备相当丰富的理论基础和操作经验的医疗团队才能完成。凭借精湛的专业技术，郭平川及其团队已完成无牙颌种植、即刻种植等种植手术，及前牙美学修复、咬合重建等疑难病例千余例，帮助了无数人重获咀嚼功能、重拾生活自信。

他在临床技术上有精度，对待病人有温度。即便他是医院创始人和学科带头人，但他始终站岗在第一线，坚持每周上四至五天的专家门诊，如果周末有患者来访，他依然出现在医院为病人服务。正如郭平川所言，"我首先是一名医生，我的岗位就在医院。"

古语说，医者仁心。作为一名医术高超又胸怀慈善的医生，郭平川用自己始终如一的行动和品质完美地诠释了什么叫作真正的医者，什么叫作真正的"仁者爱人"。

医者师心育英才

对待好学的年轻医生，郭平川更是"师心一片韧如丝，不凌绝顶不肯休"。工作上，他言传身教，以身作则，躬亲示范；理论上，他推荐各种学术渠道、分享外出交流心得；实操上，他还手把手教授年轻医生如何操作训练并给予临床实践操作指导。除了自己倾囊相授，他还借助平台优势，积极举办各种学术交流会议，促进医生间的学术交流。正所谓"教学相长"，郭平川也在与新鲜血液的碰撞中迸发别样的火花，获得长足进步。

为了让年轻医生能够掌握现代医学相关的诊疗知识，丰富传统医学的诊断理念，提高治疗效果，郭平川意识到以往单一的"传帮带"培养方法，已经远远不能适应医学技术飞速发展的今天。所以他一方面鼓励年轻医生走出去，另一方面为他们积极搭建更多的平台，让他们有机会接触到国外前沿的医疗知识，拥有更宽广的视野，从而反哺医院，使医院发展蒸蒸日上。通过不断的努力，他和医院的同仁们已经成为口腔界的榜样。

"我们见证了医院的从零到一，也相信医院未来的发展会更加美好。工匠精神，对我来说，就是坚持，还有钻研！"

工匠精神，是一种勤奋敬业的态度，一种精益求精的执着，是坚守，更是一种情怀。在浮躁之风滋生蔓延的当下，工匠精神尤其显得难能可贵。

待患者以"诚"

目前，郭平川的手术排得很满，都需要提前预约。每天慕名而来的患者很多，其中不乏大学教授、商界人士等，无论患者是谁，他都是以一个"诚"字待人。与患者之间建立良好的信任关系，这是治疗过程中必不可少的先决条件，让患者从紧张中放松下来，能够对治疗起到很大的帮助。

郭平川对他的学生也特别强调了关注和尊重病人的理念。郭平川非常认同特鲁多医生的名言——有时是治愈，常常是帮助，总是去安慰。除了医生对患者要做到精神上的安慰，护理团队也要在术前术后都做到细致入微的维护和照顾。患者的体验度好了，才能赢得更好的口碑，才会有更多的患者过来，这种听朋友介绍慕名而来的情况占患者比例的60%以上。郭平川在工作中相当细致，而且很容易沟通，他把爱心、细心、耐心贯穿于每一个诊疗的全过程。

郭平川希望通过自己的言传身教、上行下效，加快民营口腔机构向学院派学习的步伐。现在许多学院派的博士、主任医师们正逐渐加入到民营口腔机构中，他们带来的先进技术和理论，激发了大家的求知热情，提升了大家的操作水平，缩小了民营口腔机构与学院派的差距。

"师也者，教之以事而喻诸德也。"作为一名师者，不仅要授学生"谋事之才"，更要传学生"立世之德"，而传德尤为重要。

郭平川：中国民营口腔的探索者

第十一章
> 修身、齐家、济天下 <

因为喜欢，所以热爱，因为热爱，

所以坚持。

——郭平川

　　孟子提倡"济天下"，董仲舒强调"圣人之为天下者，兴利也"，理学家提倡"正心、诚意、修身、齐家、治国、平天下"。古往今来，无数仁人志士都把社会责任担当作为自己的思想诉求。

　　"修身、齐家、济天下"的人生理想，几千年来始终不衰。治理好大夫的封地，再治理好一个诸侯国，进而治理天下，使社会和谐有秩序，人民丰衣足食、安居乐业。家、国、天下，是一个从小到大，逐步递进，不断实现自我价值的过程，所以孟子云："穷则独善其身，达则兼济天下。"

第一节　修身

　　修身，择善而从，博学于文，并约之以礼。"学习是一辈子的事情，尤其是我们医疗工作者。要活到老，学到老。想要掌握最新的信息和技术，时刻都要去摄取、去储备，从而提高自己。"这位年近古稀却精神矍铄的长者侃侃而谈，分享着自己的人生经验，没有渲染，只有质朴真挚的讲述。

所谓干一行，爱一行，从事的工作，又正是自己所热爱的，那就太幸运了。年轻的时候很单纯，会根据自己的喜好去选择工作，理想状态下，干着干着你就会慢慢地悟出一些道理，就会更加地喜欢这一行。之后又会因为喜欢而变得热爱，再后来随着岁月的沉淀，就会变得越来越执着。

"当然也因人而异。我这个人比较务实，也比较执着。只要想把这个工作做好，我就会沉下心来，潜心研究，反复推敲琢磨，学习相关资料、信息，掌握后就是着手实操。"半个世纪过去了，郭平川一直都是勤勤恳恳、殚精竭虑地对待着自己挚爱的这个职业且从一而终。

"牙医是个技术工种，谁的技术好，谁的医术高，谁的病人就多。如果你不想落于人后，就得比他人付出更多的时间和精力，没有任何捷径可走。"就是因为郭平川一直尽心尽责地为病人服务，工作上一直保持积极向上的精神，所以他在年轻时就已经收获了不少粉丝，成为一名人人称赞的好医生。

众所周知，学医是一条艰辛的道路，郭平川很多同期学医的同学早已改行，原本他也有机会弃医从政，但都被他婉拒了。郭平川觉得他自己的性格不适合人际关系较为复杂的政务行业，他回忆起自己在河西区医院做院长的时候，因为把更多精力和时间都放在病人和钻研医疗技术上，常常缺席一些会议，引起了相关领导的不满，觉得他过于散漫，纪律性不强。但郭平川却不以为然，他更在意的是能把更多的时间用在自己喜欢的事情上，那该是一件多么幸福的事！从始至终，他只是喜欢在自己热爱的领域去释放热情，去深耕，去钻研。而医生的工作性质相较来说更为简单些，他只需要对他的病人负责，对他的工作负责。所以郭平川这一辈子就专注干了这一件事。

"我年轻时，病人都称呼我郭大夫，我非常喜欢郭大夫这个称呼，听起来特别亲切。当时我参加竞选院长，主要是因为院长有决定权，可以决策院里的一些事务。比如说购买医疗设备、引进新技术的权利等。我对行业内的新技术一直很感兴趣。"改革开放刚开始时，卫生部曾推广过两个新技术，一个是矫正技术，这是首都医科大学的王邦康教授推广的镍钛记忆丝矫正技术。郭平川听说后就积极地跑去北京联系，联合王邦康教授在天津和他建立了首家京津联合正畸中心。另一个就是华西的种植技术，郭平川又是第一个把它引入天津市场的。在引进的过程中，细心的郭平川发现一些问题，比如华西没有种植机，他就到处翻阅资料，并找到了解决方法，与华西合作一起成立生产种植机的工厂。这两个项目填补了当时天津市场口腔技术的空白。

怜弱惜贫，修为自身

德国伟大哲学家康有句永恒名言，"在这个世界上，有两样东西值得我们仰望终生：一是我们头顶上璀璨的星空；二是人们心中高尚的道德。"星空因其辽阔而深邃，让我们仰望和敬畏；道德因其庄严而圣洁，值得我们一生坚守。郭平川同样坚守了一生这样的道德。

在天津，郭平川早已是负有盛名的牙科医生，但他在工作岗位上依然时刻坚守自己的底线，不论患者是否富裕，只要是郭平川接手的患者，就会根据患者的自身情况，制定最合适的治疗方案。如果患者没有足够的预算做种植牙，郭平川就会选择性价比高的治疗方案，甚至为了更好的治疗效果不惜自掏腰包。从爱齿创立至今，郭平川经常会给一些家庭条件困难的患者免费治疗，累计最多的时候一年会免掉近百万的诊费。即使患者预算充足，郭平川也会建议患者不要盲目选择、一味追求贵的治疗方案，而是要选择最适合、最有效的治疗方案。

想成为一名病人喜爱的优秀的牙科医生，首先要做到德行要好，然后就是品行也要好，郭平川这一生都在坚守这两个标准。

"这个行业很平凡，就牙齿这么大点事儿，每天接触的都是病人，做不出什么丰功伟绩的事情来。正因为这样，才需要有一颗平常心，踏踏实实地去做，不急不躁，一步一步地去提升自己业务水准，坚守医者的德性。"郭平川这一生都在认认真真地低调做人，高调做事。低调做人符合郭平川这个人的性格，遇到很多事情他都不去计较自己的得失，不去争，不去抢，严格自律。但做事他从来都是当仁不让。作为五零后的他敢于争做时代的弄潮儿，积极挑战新事物，走在时代的最前沿，通过挑战来扩展自己的视野和胸怀，成为业界的翘楚，让自己和爱齿走得更加长远。

第二节　齐家

机遇总是留给有准备的人。爱齿口腔从1995年的中外合资口腔门诊部到2005年达到五家连锁规模，2006~2007 年，爱齿年营业额达到了两千六百多万元，在天津口腔市场名列前茅。可谓是异军突起，锐不可当。

郭平川和爱齿的名字顿时惊爆了口腔领域。

天津爱齿口腔门诊部于1997年4月正式开业。在稳步运营之后，郭平川顺势发力扩大规模。1998年他遇到了丹麦医生伊丽莎白之后，盛情邀请她加入爱齿，并当机立断，租下他诊所旁边的二百多平方米的底商成立了爱齿国际部。并按照伊丽莎白医生的要求配备了当时国际上最先进的器材设备。一个私人牙科诊所占地面积五百多平方米，十二台牙椅，全部进口器材，国际一流专家团队，郭平川强势来袭，把爱齿打造成当时天津市场上国际一流的牙科诊所。

"扩张的时候我没有让股东们出资，而是用我们营业额的结余做的投入。"郭平川和他的合伙人们采用了当时国际上流行的发展模式——连锁经营模式。

2000年10月，郭平川的第一家连锁机构"天津河北爱馨口腔门诊部"挂牌营业。虽然当时郭平川和他的合伙人们对连锁型的口腔门诊部经营没有经验，也没有社区概念，但他依然义无反顾地踏上了征程。

"河北这个爱馨口腔门诊部的院址是我个人全资买下的。当时我和亲戚朋友借了不少钱，又去银行做了贷款。这是我的第一家分院，我信心十足地投入其中。"在郭平川与合伙人的用心经营下，爱齿第一家连锁店"河北爱馨口腔门诊部"在成立后的第三年就收回了成本。

2002年10月17日，郭平川在滨海新区又成立了他的第二家连锁店"天津爱佳口腔门诊部"。当时天津滨海新区已经发展起来，2001年郭平川就开始策划要在这个区域开设门诊。"实际上我们很早就将滨海新区纳入布局之中了，滨海新区离塘沽很近，又是开发区，潜力无限。"

"我们每开一家新店，就会安排一位院长和一位骨干医生作为新店的核心技术力量，这样既能带动提升新店员工的整体技术水平，又能让他们有更大的发展空间。"这样先进的经营理念吸引来当时天津医科大学毕业的很多医生到爱齿这样的私人诊所任职。

"2003年底，河西区政府要对我们第一家爱齿口腔门诊部旧址所在的那条路重新规划。我那时就想如果买一间底商就不需要搬家了，于是就下决心买房。经过多方调研后最终选择了泰达圆底商八十四号，就在我们原来诊所的斜对面，九百二十多平方米，但是因为价格过高，我只能卖掉我另外一个门诊部的股份和房产来凑钱购买这个商铺。"

2004年初，河西区泰达圆底商八十四号扩建成立了"欣爱齿口腔门诊部"，这是郭平川的第三家连锁店。

天津民营口腔不能设立分院，每一个医疗机构都需要有独立的名称。爱齿口腔新成立的连锁店不能叫分院，也不能称作"天津爱齿口腔门诊部分部"，每一家店都要重新取一个名称，所以郭平川第一家分店名字为"爱馨口腔门诊部"，第二家分店叫作"爱佳口腔门诊部"，第三家分店叫作"欣爱齿口腔门诊部"，以及第四家分店"上谷爱齿口腔门诊部"。

2006年9月，郭平川的第四家分店"天津上谷爱齿口腔门诊部"开业了。那时在水上公园门口新建了一片999写字楼，是融创集团策划的以饮食为主的大型商业办公的一个功能区。

郭平川一气呵成，从第一家店到第五家店，他仅用了九年的时间，完成了自己的商业布局。在与美维口腔医疗集团合作以前，郭平川已经拥有了五家连锁店。爱齿与美维合作一年之后，2018年4月，郭平川成立了天津南开区爱齿口腔医院。

其实这是他从开办诊所那天起就想做的事情。目前国内口腔医院的标准，最低起步叫二级口腔专科医院，二级起步的标准就是二十台牙椅和十五张病床，郭平川与集团商量以后得到了集团的支持。最后经过比较和筛选，郭平川将新分店的地址选在了金融街的一个二楼和三楼的商铺，位于天津非常繁华的位置。郭平川的这个想法也得到了天津市南开区政府的大力支持，很快各种手续便顺利完成。

郭平川的梦想和情怀不仅是成立口腔专科医院，他更希望这家口腔专科医院能够成为医科大学的教学基地，切实培养出更多优秀的牙科医生。

郭平川特别想在天津市创办第一所民营二级口腔专科医院还有其他几个原因。

第一，现在很多病人特别怕痛，尤其是儿童，有了口腔医院以后就可以进行全麻或者无痛静脉麻醉，在病人睡着的时候完成治疗。口腔种植病人也可以在舒适、安静、睡眠的状态下把全口牙种植完。

第二，在医院可以操作一些比较复杂的手术，开展日间手术。例如上颌窦提升，一些颌面部的肿瘤、囊肿等，这些比较复杂的手术，只能由医院来完成。相关政策也明确规定门诊部是没有输液资格的，只有正规的医院才可以实施输液。如果有了医院这个平台，就可以开展全麻无痛和一些比较复杂的手术了。

"成立口腔医院是我们在探索中前行的重要一步，我希望南开爱齿口腔医院能做成真正的、名副其实的二级口腔专科医院。我们现在已经开始计划开展全麻下的一些微创手术、全口种植、上颌窦提升，以及将来我们的穿颧手术和儿童牙科等，为天津的老百姓切实地解决口腔问题。"

对于爱齿口腔未来的发展规划，郭平川信心满满，"2019年，我们建立了二级口腔专科医院，并以此为基础携手天津医科大学在'教医研'领域深入合作，同时加强了口腔种植和修复领域的医疗、技术、人才和市场等全方位的建设，全面提高了爱齿口腔的综合实力。"

第三节　济天下

孟子有云，"穷则独善其身，达则兼济天下"。"善其身"，做好自己的事情，加强自我修养，提高自己谋生的能力，使自我强大，过上生活富裕、精神充实的一种境界。"济天下"，代表着担当起社会责任，为国家为社会做出自己应有的贡献。要增强时代责任感和使命感，把个人的命运与国家命运、民族命运紧密联系在一起。一个人其身再善，如果囿于自己的小日子、小圈子，则其意义非常有限。只有实现从"善其身"到"济天下"的飞跃，承担起自己的社会责任，为社会创造更多财富，才能真正提升自身存在的价值，获得存在感与认同感。

念苍生，济天下，唯有付出与奉献，才能将人生的意义升华，让内心走入新的境界与高度。拥有一份胸怀，一份善良，一份担当。医者仁心，普惠大众。在郭平川的履历里，有着众多的社会头衔，对他而言，这不仅是行业组织对他的信任，更是一份责任。

因此，他会为了不搅乱天津口腔市场而以身作则不打低价广告；为了防范种植乱象，积极参与种植并发症的研讨会，让年轻医生全面认识口腔种植而不盲目；为了让更多老百姓能用得起种植体，郭平川总是尽己所能地关注和培养国产种植体的发展，普惠大众。

不仅如此，其他口腔诊所或是医院出现复杂的疑难病例，他也会义无反顾地帮忙，力求凭一己之力去帮助更多的患者解决口腔疾病。

"他们都是我们民营口腔协会的会员单位，只要是我能解决的问题我都义不容辞。"郭平川之所以不余遗力地帮助其他诊所，是因为在他看来牙科医生的使命就是让病患释放痛苦、解除痛苦，同时也是想帮这些诊所减轻压力。郭平川从始至终心里、眼里都不只装着爱齿，更心系整个口腔行业的发展。作为牙科医生，如果因操作失误或技术水平问题发生医疗事故，不仅会影响个人名誉，更会损坏诊所的信誉，甚至损坏整个民营口腔的声誉。

这是每个从医者的初心，而当面对世事浮华，只有通过修身、齐家才能达济天下，在实现梦想的同时也得守住我们原本的那颗医者初心。

心系众生　不忘初心

为口腔事业打拼了大半生的郭平川，已经进入花甲之年。"最近几年，总是有人反复问我同样的问题，退休后做什么？爱齿未来走向何方？卖掉诊所还是传承下去？"一般在国外通常就两种途径：一是直接把诊所转让掉，自己退休，享受晚年；二则就把他们的子女培养成为接班人，由子女继承事业，行业内称"牙二代"。

郭平川的儿子并不想接手爱齿。原本郭平川也想过将诊所转让，但最终他还是舍不得，因为这里有他曾经背水一战的勇气，更有他对口腔事业一种血脉相连的情怀，让他不能割舍，不能放手，他想将这个爱齿口腔做成真正的百年老店，甚至像真正的公立医院一样，长久地做下去，成为国内知名的口腔医院。让这里的工作人员发自内心地觉得在爱齿工作很光荣，是一种荣耀！

"我是从骨子里喜欢口腔这个职业，可以说是一种情怀。如果一天什么都不做，我就会不知所措，会感觉特别空虚。好像整个世界都黯淡了几分。我这一辈子也没有什么业余爱好，唯一喜欢的就是在门诊给患者看病。这几十年我都是全天坐诊，从家到医院两点一线，从未改变过，从未厌倦过，恰恰是乐此不疲，沉浸其中。最近因为年纪大了，才改为半天坐诊。也非常感谢我的患者对我的信任。他们经常会介绍很多他们的朋友、家人来找我看诊。有这么一位朋友，即使他已经调到北京工作了，但还是要我定期去北京医院给他看牙，我给他看牙都将近四十年啦。所以，要我把爱齿转让，彻底不做口腔这一行，我真的做不到！"

这份深厚的情结拴住了郭平川，从入行的那一天起到现在已经六十七岁的郭平川还是时时刻刻地心系他的病人，还是舍不得离开一线。他现在将更多的精力用来扶持年轻人，带领他们分析比较复杂的病例，指导实操手术全程。郭平川希望能够帮助年轻医生迅速成长。

"我选择加入美维并不关注诊所能卖多少钱，而是我们合作后是否能够将我们爱齿一直传承下去……"

胸怀家国　爱心传递

郭平川不仅为民营口腔事业的发展努力奋斗，更把提升全民口腔健康意识视为己任，为推动我国口腔预防医学教育事业发展和促进人民群众口腔健康做出积极贡献。他曾义务为天津市福利院的儿童免费修复牙齿，下乡到学校给学生普及口腔卫生知识，免费为学生治疗牙齿，积极参与口腔相关的公益活动。就像他常挂于嘴边的一句话："取之于社会，回报于社会。"

汶川地震期间，他不仅积极组织单位募捐，而且以个人名义捐款。新冠肺炎疫情暴发后，他又捐出了大批医用物资和善款。"国是大的家，作为这个大家的一员，国家有难时，就应该尽自己所能贡献的一份力量。"以小见大，足见他的胸怀广阔。

医者仁心，医者医德，只有时时刻刻心系病人，心系天下，才能成为一名优秀的医生。

慷慨解囊　资助协会

在天津市卫健委的倡导下，郭平川带头成立了天津市民营口腔种植伦理委员会，他任主任委员，其他成员由两位三甲医院的口腔科主任、一位律师、一位行政管理人员组成。

"民营口腔种植伦理委员会的成立，要得益于天津市卫健委口腔质控中心的张洪杰主任的支持和帮助。"张洪杰教授曾担任天津市口腔医学会副会长，天津市口腔医院副院长、主任医师，口腔颌面外科的专家，研究生导师，也是郭平川敬重的老师之一。天津市卫健委成立的口腔质控中心

（与天津市口腔医学会的领导一起参加会议）

就是由他发起，并担任了四届质控中心的主任。在张主任看来，质控中心不应该只是公立医院的专属，更应该有民营口腔的代表加入，更能展现口腔医学领域的包容与严谨。于是，在进行多方考察后，作为天津民营口腔杰出代表的郭平川受邀加入口腔质控中心。在刚成立的前两届，郭平川一直是民营口腔唯一的代表。

在当时，"口腔种植"仍属于卫健委限制类技术，秉着为民众负责的态度，相关部门决定在此基础上专门设立民营口腔种植伦理委员会。"因为民营口腔大多是些小诊所和单体门诊部，相对分散，并没有统一的操作规范，所以，张主任建议由我牵头组织成立这个小组。"这个小组成立后，对于民营口腔开展种植工作起到了重要作用。让许多具备了种植标准的民营口腔诊所找到了组织，有了归属感。"因为各区卫健委只有看到我们这个组织出的鉴定报告后，才会给对方颁发口腔种植许可。我们这个民营口腔种植伦理委员会在其他省市是没有的。"

委员会更是积极响应天津市卫健委的要求，不对会员收取任何费用。所以每次活动产生的相关费用，比如律师费、主要参会人员的交通费等，郭平川都主动承担了。

郭平川朴实地认为，既然担任了民营口腔医学会的副会长，就该承担起应有的责任，一些学术研究及行政管理方面的工作更是亲力亲为。"在其位，谋其政。作为口腔医学会的副会长，医疗分会的创始人，我要想办法解决各种问题，能够让天津民营口腔的医生们感受到这个学会是切实能解决问题的。"

郭平川严谨细致、含蓄不露。为人行事低调、处事谨慎，虽然一般在小事上随意平和，不过多计较，但在原则问题上他绝不马虎，尤其在技术上的钻研和探索都是一丝不苟，吹毛求疵。

在待人行事方面，郭平川保持着谦逊低调的状态，但他在决策上则是迅速而睿智的。凭借非凡的智慧、意志力，郭平川在中国口腔领域创造了傲人的业绩，他的人生，外表朴实无华，内在却熠熠生辉。

时至今日，郭平川已经是一位年近古稀的老者，但他依旧像年轻人一样每天精神饱满地行走在患者之间。

近五十年的口腔之路，郭平川始终坚持并规范普及口腔健康知识，科学防治口腔疾病，努力做好"健康口腔"的践行者和传播者。他一直辛勤耕耘在口腔防治事业的第一线，坚守初心，为满足人民群众对口腔健康的美好期待不懈努力，继续为推进全民口腔健康砥砺前行。

第十二章
> 传承与超越 <

超越是最好的传承。

——郭平川

在改革开放初期，有智慧、有勇气、有魄力，单枪匹马就能闯出一片天地来。如今则需要不停地超越，在传承的基础上再去创新，走出一条有新时代企业特色的发展之路。市场在不断变化，要想承担起这份引领时代的责任，就需要在继承和发扬的基础上擘画出一片新的天空。

随着新生消费势力的崛起，定制化、个性化、科技化、市场化、资本化将成为各个领域的制胜之道。口腔行业经历了十年快速发展的上升期，十年只是一个开始，不断地传承、超越，才能蓬勃发展，未来才能有更多的十年。

第一节　传承

在工作中，郭平川以身作则，从不懈怠。踏踏实实、兢兢业业、认认真真做好自己的每一项工作。在手术中他一丝不苟，小到一把剪刀、一卷纱布，他都要一遍又一遍地检查、核对，力求做到每一步操作都细致而精确，这些近乎苛刻的要求背后则是医生对患者的尊重和对生命的敬畏。

郭平川在临床方面技艺高超，带出过许多优秀的年轻医生。他总是亲力亲为、不遗余力地教给年轻医生们各种治疗技术。每次看诊的他身边都有两到三位年轻医生跟着，遇到的每一个案例的重点、难点，郭平川都给他们追根溯源、讲解透彻，悉心及耐心地将自己多年来的临床经验和诊疗技术毫无保留地传授给科室内一波又一波的年轻医师，积极地发挥"传帮带"作用。

他精心培养科室的年轻医生，言传身教、精益求精，从最基本的书写病例，到术前准备、手术操作等。每当遇到典型的手术时，他都让年轻医师录像，整理资料，做好总结和复盘，让医生加深对疾病的学习和经验的积累。在这样的环境下，年轻医生们不仅了解了丰富的理论知识，而且大幅度提升了手术实操能力。对年轻人来讲，这些毫无疑问是对他们莫大的帮助。

"我一个人的精力是有限的，而患者的需求是无限的。我希望能尽我自己所能，培养更多的年轻医生，帮患者解决他们的痛苦。"郭平川一直在用他无私开放的心态将匠人精神延续传承推广下去。

潜心钻研　甘为人梯

创新之路漫漫，学无止境，唯有秉持严谨求实的初心，敢于创造的雄心，才能提出新理论、开辟新领域、探索新路径，使中国的口腔事业后继有人，让中国的朴素医学精神薪火相传。

郭平川是一位爱才惜才的伯乐，特别欣赏那些踏实肯干、认真钻研的年轻医生。"爱齿一直采用的是院长负责制来管理诊所。"在爱齿陆续成立分院的时候,郭平川就充分放权给这些优秀的医生,委派他们担任各个分院院长,并实施院长负责制的管理制度来充分发挥这些骨干的优势。

"从我早期做院长的时候起,我就开始尝试培养人员梯队。原来我还在国家公立医院的时候,每年都有新的毕业生加入,他们进来以后,我就要求他们进行口腔内科、口腔外科,以及口腔修复科的轮转,所有科室轮转一遍后才能正式出诊。一般完成各科的轮转差不多需要一年左右时间。在我成立爱齿后,首先会对所有的医生进行全科的培训,就是要求每一个医生要会操作最基本的技术:补牙,拔牙和镶牙,再针对每一位员工的特长来进行专门的培训。"

对于年轻人的培养郭平川一直都尽心竭力,按照惯例,新加入爱齿的年轻医生都需要跟着郭平川学习三个月左右。期间,郭平川会把原来伊丽莎白、林野、苏嘉俊这些大师们的优秀和科学的方法一一教给他们。郭平川还会将他的一些简单的病例交给这些医生进行后续治疗,慢慢地这些病人也就成为他们的第一批病人,为年轻医生的发展奠定了良好的基础。

"我们爱齿有一位吴医生,她是湖南湘雅医学院毕业的。上古爱齿分院的院长把她推荐到我这儿,希望我能带带她。我带了她差不多有四个月左右的时间。吴医生很聪明,学习能力很强,一点即通,所以进步很快。"郭平川十分欣赏吴医生这种对待工作认真负责的态度,在她技术越来越娴熟后,把他自己负责的很多病人慢慢地都转交给了吴医生。

"她现在也是我们爱齿最主要的骨干之一,是我们爱齿的一员大将,在年轻医生里面是口碑最好的医生之一。现在的她已经能够独当一面操作简单的种植术，遇到较复杂的种植病例，我也只需稍微点拨一下就好。等我哪天退休了，我的病人她全都能够接手啦。"说到这里，欣慰之情跃然于郭平川脸上。

郭平川就这样一直无私地帮助和提携年轻医生，让他们迅速且扎实地成长起来。把他们培养成各种类型的技术骨干，放手让他们去创造属于自己的天地。

"基本上我去欧洲学习的时候，我都会带上我们院里的医生一起去。我们爱齿的种植体大部分是采用德国的植体，这是我的朋友张海柱博士给我们提供的渠道。我和张博士之前有个约定，如果爱齿每年能达到一百颗种植体，他就提供我们一个去德国学习的名额。早期，爱齿每年差不多能做到五六百颗，所以每年都能有五至六个去德国交流学习的名额。有时候别的单位不用的名额，他就都给到了爱齿。为了鼓励这种良性的交流学习，当时去德国学习的医生费用都是由张博士个人承担的，包括往返的机票、住宿等费用。还有参观当地的工厂，去德国的诊所学习，全都是他安排的。因为他本身就是一位博士文人，一位学者，所以他也很注重人才的培养。在2002~2015年期间，我们爱齿的很多医生几乎都去德国及欧洲学习过。好几位医生都有四五次去过德国学习的经历。有时候我还把他们放在德国一家很有名的医生诊所待上半个多月，让他们在那儿天天跟着德国医生，学习他们严谨的治疗态度，以及先进的理念和技术。除此之外，我们爱齿也会出资让一些优秀的医生出国进修学习。"

郭平川还一直鼓励青年医生要多参加一些专业竞赛，增加他们的专业知识、竞争意识以及危机意识。有一名刚到他们医院的天津医科大学的硕

（带领技术骨干参加欧洲国际会议）

士毕业生，本身专业知识扎实，且勤奋好学，就是实际操作的病例不多。经过一段时间的观察，郭平川发觉这位年轻人很有才气和天赋，就鼓励他去报名参赛，建议他可以通过影像资料分析及结合他自己实操手术的心得，提出观点总结成文。初稿完成后，严谨负责的郭平川并没有不再过问，而是又根据文章内容提出专业的意见和建议让他去修改和完善，再复审，直至完美才同意他发稿。之后这篇文章在中华口腔种植学杂志上获得了发表。文章发表后，因为观点立意新颖，引发了不少业内人士的关注和赞扬。在增加这位医生自信心的同时也让他对种植业务产生了浓厚的兴趣。郭平川正是通过这样的方式不遗余力地帮助着年轻医生们的成长。

放眼望去，在天津市内至少十几家口腔医院的院长都是在爱齿口腔学习和历练后，才开始创立自己的事业的。所以经常有人赞扬郭平川的爱齿口腔可以称得上是天津民营口腔界的"黄埔军校"。每每听到这样的颂词，郭平川都只是很谦虚地表示他只是在做自己分内的事情。

郭平川帮助过很多医生从副主任医师晋升到主任医师，关键的成长期基本上都是在爱齿完成的。要知道，一位本科医学毕业生想要晋升到主任医师，在一切顺利的情况下，最少也得需要十几年时间，主治晋升副主任医师需要五年，副主任医师晋升主任医师又需要五年，这样下来从毕业到成为主任医师至少需要十五年的时间！可想而知，医生的晋升之路有多难走！在爱齿口腔，粗略统计就有四位医生晋升成副主任医师，一位医生晋升为主任医师。期间都是郭平川带着他们一起做很多起高难病例，一起分析各类疑难种植病例，用实际的数据来支撑他们的晋升论文。不仅职称晋升成功，更是提升了他们的专业知识和实操水准。

郭平川除了给自己诊所的医生指导业务以外，还经常帮助其他民营医院，甚至是公立医院的医生开展种植业务。

"2000年天津医科大学第二附属医院要开展种植业务，他们引进了一个德国的种植系统，之前并无口腔种植经验的他们对这一系统并不熟悉，于是，口腔科的彭程主任请我过去帮忙指导一段时间。"彭主任是位全科医生，现任天津市全科专委会的主任委员。彭主任让郭平川帮忙带一下他们医院的医生如何操作引进的国外系统，好顺利地把他们的种植业务开展起来。郭平川没有辜负彭主任的重托，在医院和他们的医生一起工作了一段时间，帮助医院的医生们快速掌握了新系统，还指导他们做了二十多例手术。

不仅如此，郭平川还帮他们医院选拔了一批优秀的种植医生，协助彭主任开展种植工作，为第二附属医院种植业务打下了坚实的基础。

"天津市第三中心医院口腔种植科建立之初也是请我去帮的忙。处理医生的招聘、技术指导，处理复杂病症等工作。"郭平川先把关和招聘优秀的种植医生，医生到岗位后又带着他们做种植。"我在他们那里做了一个多月的指导工作。"之后还陆续帮医院做一些比较复杂的手术，例如上颌窦胎生等。在郭平川的指导下，他们的口腔科也开始走上正轨。医院现在的口腔科主任就是郭平川带出来的，还有几名早期带出来的种植医生现在都是医院的口腔科骨干。"能尽到绵薄之力帮助医院，这是我的荣幸。"郭平川对这些经历始终心存感谢。有时还有来自河北省、东北大连等一些地区的民营口腔协会或医院邀请郭平川去做手术或演讲，郭平川都会欣然答应，"这是他们对我的信任和认可。"

郭平川作为我国民营口腔界的先行者，为我国口腔事业做出了突出的贡献。他乐于奉献和潜心育人的精神，也成为培养科技创新后备人才的宝贵精神财富。

在本该颐养天年的年纪，郭平川却忙于年轻人的人才培养，他经常反躬自问："作为前辈的我们这一代人，是否也有失职之处？如果关心多一点，主动一点，这种状态会不会有所改变？"

带着为国家培养杰出创新人才的责任感和使命感，他积极呼吁国内行业内的专家要为有志向的年轻人成长搭桥铺路。郭平川经常说："人一生要走很长的路，一路上常常需要有人拉一把。我自己年轻时候的路就走得很艰难，是遇到了几双大手的拉扯才有幸走上了正确之路。"

郭平川希望更多的专家，秉持育人初心，勇担历史使命，为青年人的成长引路护航，让祖国口腔事业之树枝繁叶茂，为建设世界医疗强国，贡献更多的时间和力量。

时间总会向前，事业需要传承。杰出代表往往既是研究团队的领头人、事业的主心骨，更是甘为基石、推挽才秀的传承人——他们都在自己的领域有所建树，通过言传身教，培养了一代又一代新人。大师的风范默默影响着青年人怎样做人、做学问。他们传递给年轻人的不仅仅是丰富的知识、严谨的科学态度，更有一种精神和风骨。

第二节　超越

当你站上一个新的起点，请不要犹豫，请勇敢前行。一路上，更要不断自我超越，超越你的前辈，超越你的导师。因为每一次超越，都是一次质的提升，意味着距离你的梦想又近了一步。不断超越，不断蜕变，循环往复，就会创造一个辉煌的自我。

郭平川永远记得在卫校毕业典礼上，他的老师曾用最朴素的语言告诉他们要上进。"我希望我教过的学生都能出类拔萃，如果毕业后能考上大学继续深造的那最好，即使考不上也不要气馁，踏踏实实做好本职工作，在工作中尽可能最大化地提高自己的业务水平，而不要混日子，白白浪费自己的青春年华。你们将来一定要比你们的老师更强大才行。这就是我作为你们老师的唯一要求！"当年教过他的卫校老师大部分都已过世了，作为他们学生之一的郭平川没有让他的老师们失望，他完成了老师们的心愿。"我身边的前辈越来越少了，我敬重的天津医科大学口腔系的创始人史书俊院长前两年也过世了。好在陈哲主任身体还很康健，还可以继续与我同行。"

"我非常感谢我的几位种植界老师，一位是苏嘉俊，一位是林野教授，还有一位是王兴教授。他们对我的帮助和提携让我终身受益。林野教授是目前我们国家的种植界的顶尖人物，更是中国口腔种植的引领者，带领中国口腔种植开创了一片崭新的天地，如果没有他的努力推广和不懈的努力，中国的口腔种植就没有今天的成绩和局面。我没能超过他，他一直是我仰慕敬佩的人，是我学习的目标与榜样。我可谓是三生有幸，能够遇到这么多的领路人，能够有向他们学习的机会，也是他们给我创造了很多出国考察、学术交流的机会。让我有机会与国际一流专家、领军人物零距离接触交流。让我及时掌握新理论、新技术、新方法，了解相关领域的学术动态。正是因为有他们的帮助，才造就了今天的我。"

青春年少时的郭平川就摩拳擦掌、跃跃欲试地要在人生的赛道上一显身手，论高下短长。漫长的跑道上记载着他运动的轨迹，这是对耐力与意志的检验，也是郭平川超载自我，挑战自我的过程。正是这一次次的战胜，一次次的自我超越，让青春承诺的梦想高高飞翔，让青春结出了累累的硕果。没有经历过坎坷就不会有成功的喜悦，他以自己的行动充分展现了自己的实力，展现了真我的风采，展现了自己的坚韧不拔。狂风的日子里他是卷起的浪，晴朗的日子里他是闪亮的光。在人生的跑道上，有人用心欣赏风景，他却努力让自己成为风景。

牙医师最高荣誉

2018年6月19日，国际牙医师学院全球大会暨院士颁授大会在澳门隆重开幕。经国际牙医师学院国际理事会在中国层层筛选、严格把关，中国区新晋院士五十七名，其中郭平川被授予"国际牙医师学院院士"荣誉称号。这是对郭平川在口腔行业耕耘一生最好的肯定和最高的褒奖。

[当选国际牙医师学院院士（民营口腔院士合影）]

成立于1926年的国际牙医师学院是全球著名口腔医学组织，属国际三大牙科组织之一，总部坐落于美国马里兰州，一直致力于促进牙科医疗、教学、科研、管理等事业的发展。这一权威组织由全球在口腔医学领域取得杰出成就和优良服务的最优秀的牙医精英组成，是世界牙医学方面杰出贡献者的专业评价、咨询性机构。

（2017年当选ICD院士）

国际牙医师学院院士评选注重道德素质及专业素养。当选院士必须对整个口腔行业作出了卓越贡献，只有"最能干的、最上进的、受到最好教育的、有道德的牙医"才能得以提名。因此，这一院士称号被业界认为是"全世界牙医师最高荣誉称号"。

郭平川作为中国民营口腔医疗种植学科带头人之一，是中国第一批从事口腔种植、天津首位实行半口种植技术的口腔医生，为民营口腔种植的发展做出了巨大贡献。这个殊荣也是国际牙医师学院全球大会对郭平川四十余年口腔临床医疗事业上做出的贡献给予的肯定和表彰。

ICD这个组织是被中国各大院校所认可的。天津医科大学口腔医学院院长、副院长，还有南开大学口腔医院院长和副院长，也获得过ICD奖项。郭平川目前是民营口腔行业为数不多获得ICD国际牙科学院的院士，在天津的民营口腔界他也是唯一获得此殊荣的人。

"像我这种无学历、无大的品牌、无轰动业内的创新发明的三无人员，论文发表的也不是很多，根本没有想过自己有一天会获得这份荣誉。"郭平川经常告诫年轻医生，要始终秉持学术第一的初心要求自己。"当你把工作做到极致，并在这个领域去做一些创造性的东西，这些荣誉就会主动找到你。"

郭平川以他不屈服的性格，博大的胸襟，睿智的见地和坚韧不拔的品格，向我们展示了一名医疗战士普通而又伟大的形象。他更像是一种精神的存在。

从早期的懵懂少年，到积极奋斗的基层院长，到赶海的潮人，再到引进国际先进品牌运营管理理念的企业家，再到资本嫁接……跨越半个世纪的旅程。虽然人生跌宕起伏，但他从未放弃，从未消沉，对专业的执着令人敬佩和感动。他生命中的特质赋予了他无限梦想与可能。郭平川呈现的是一个富有传奇色彩的人生履历。

人生最不重要的是别人怎么说、怎么想，而最关键的是自己的意愿。无论是处在人生的巅峰还是低谷，始终不模糊的应是你已经确定的方向，且从一而终地顽强地去奔赴……

他怀揣梦想和澎湃的壮志，勇攀高峰，敢为人先，风骨坚韧，意志坚定。低调谦逊如他，似乎从不把"奉献"和"为天地立心，为生民立命"挂在嘴边，但"身体很诚实"，恨不能将自己的生命无限燃烧。从而让他和他们这个群体的精神底色更加深沉和醇厚。

像郭平川这样广大的平凡的耕耘者在祖国大地上开拓出一片片沃土，

他们胸怀信念，勇于探索，严谨求实，淡泊名利，潜心研究，甘为人梯，奖掖后学的育人精神，塑造了知识分子群体乃至当代中国的精神特质，凝聚成一股改变中国各领域进程与社会面貌的精神力量，是中国革命精神谱系不可或缺的一部分。这种精神的强大力量及深远影响，将随着时间的推移而渐次彰显，鼓舞着你我，在民族复兴之路上扎实前行。